Adolf Attenberger
unter Mitarbeit von Ulrike Guckel-Lobler

Prüfungsfragen Friseure

4. Auflage

Bestellnummer 2126

Bildungsverlag EINS – Kieser

www.bildungsverlag1.de

Gehlen, Kieser und Stam sind unter dem Dach
des Bildungsverlages EINS zusammengeführt.

Bildungsverlag EINS
Sieglarer Straße 2, 53842 Troisdorf

ISBN 3-8242-**2126**-8

Vorbemerkung

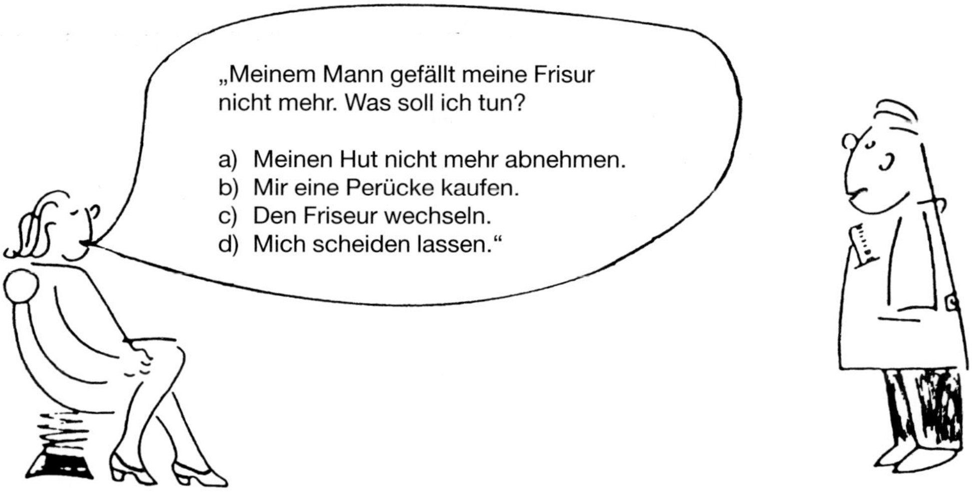

Natürlich ist das eine unrealistische Situation, denn es wird kaum vorkommen, dass ein Kunde eine Frage stellt, vier Antworten dazuliefert und um Entscheidung darüber bittet, welche seiner Antworten richtig ist.

Trotzdem sind Fragen mit Auswahlantworten, wie Sie sie im **1. Teil** dieses Buches finden, gut geeignet zur Übung und Wiederholung des Lernstoffes, weil sie dem Lernenden das Formulieren von Antworten ersparen.

Voraussetzung für einen echten Lernerfolg ist aber, dass Sie die Aufgaben wirklich durcharbeiten. Sie sollten also dort, wo Sie sich über die richtige Antwort nicht im Klaren sind, in Ihrem Fachbuch oder in Ihren sonstigen Unterlagen nachschlagen und die richtige Antwort selber herauszufinden versuchen. Wenn Sie in einem solchen Fall einfach raten oder bei den Lösungen nachschauen, haben Sie für die Prüfung nichts gelernt.

Bei den Lösungen sollten Sie erst zur Kontrolle Ihrer Ergebnisse nachsehen, wenn Sie ein Kapitel durchgearbeitet haben. Begnügen Sie sich bei einem Fehler nicht damit, das Kreuzchen an die richtige Stelle zu setzen. Gehen Sie Ihrem Irrtum auf den Grund! Finden Sie heraus, warum nur die vorgegebene Antwort richtig ist!

Es ist jeweils nur eine Anwort die richtige oder die beste Lösung! Mit der Punkte-Tabelle am Ende eines jeden Kapitels können Sie Ihren Kenntnisstand selber benoten. (Jede richtige Antwort ist ein Punkt.)

Der **2. Teil** des Buches enthält 10 Aufgabenblocks - jeweils zwei zu jedem Lerngebiet. Jedem Aufgabenblock ist ein Fallbeispiel vorangestellt, auf das sich die meisten Aufgaben direkt oder indirekt beziehen. Außerdem wird nach Grundwissen gefragt, soweit es für das jeweilige Thema von Bedeutung ist. Die Aufgabenblocks sind praxisorientiert und fächerübergreifend, d. h. sie enthalten Aufgaben zur Fachtheorie und Fachpraxis wie auch zur Gestaltung und zum Fachrechnen.

Die vorgegebenen Punktzahlen sollen Ihnen helfen, den „Wert“ der einzelnen Aufgaben und den erwarteten Umfang der Antworten abzuschätzen. Bei jedem Aufgabenblock sind 100 Punkte zu erzielen. Die Punkte-Tabelle ermöglicht es Ihnen, Ihre Leistung selber zu benoten.

Wir wünschen Ihnen viel Erfolg!

INHALTSVERZEICHNIS

TEIL 1

Friseur – ein vielseitiger Dienstleistungsberuf

Der Beruf des Friseurs

1. Aus welchem Handwerk bzw. Beruf hat sich der Friseurberuf entwickelt?	a) Aus dem Arztberuf b) Aus dem Baderhandwerk c) Aus dem Apothekerberuf d) Aus dem Schneiderhandwerk
2. Zu den Aufgaben des Baders gehörte u. a. die Wundbehandlung. Welchem Bereich wurde diese Tätigkeit zugeordnet?	a) Der Kosmetik b) Der Gesundheitspflege c) Der „niederen“ Chirurgie d) Der Haararbeit
3. Wie heißt heute das Berufsfeld, dem der Friseurberuf angehört?	a) Körperpflege b) Gesundheitspflege c) Kosmetik d) Farbgestaltung
4. Wo ist festgelegt, was der Friseurin/dem Friseur während der Ausbildung an Fertigkeiten und Kenntnissen zu vermitteln ist?	a) Im Jugendarbeitsschutzgesetz b) Im Ausbildungsberufsbild c) Im Tarifvertrag d) In der Kosmetikverordnung
5. Silvia, eine Auszubildende, muss regelmäßig im Garten des Chefs den Rasen mähen. Wie beurteilen Sie das?	a) Als Auszubildende muss sie das in Kauf nehmen. b) Sie braucht das nur zu machen, wenn es während der Arbeitszeit verlangt wird. c) Sie braucht das nur zu machen, wenn es extra bezahlt wird. d) Sie braucht es nicht zu machen, weil Rasenmähen nicht zur Friseurausbildung gehört.
6. Gabi erzählt in der Berufsschule, dass der Gerichtsvollzieher bei ihrer Chefin war. Gegen welche ihrer Pflichten als Auszubildende verstößt sie damit?	a) … die ihr im Rahmen ihrer Ausbildung aufgetragenen Arbeiten auszuführen b) … den Weisungen der Ausbilder zu folgen c) … die für den Salon geltende Ordnung zu beachten d) … über Betriebs- und Geschäftsgeheimnisse Stillschweigen zu bewahren
7. Welcher Umstand ermöglicht eine vorzeitige Zulassung zur Gesellenprüfung?	a) Das Zeugnis des qualifizierenden Hauptschulabschlusses b) Überdurchschnittliche Leistungen im Ausbildungsbetrieb und in der Berufsschule c) Teilnahme an einem Haarschneidekurs der Innung d) Teilnahme an einem zweiwöchigen Betriebspraktikum vor Beginn der Ausbildung

8. Zur Wahrung ihrer Interessen schließen sich Handwerker eines Berufes zusammen. Wie heißen diese Vereinigungen?

a) Handwerkskammern
b) Kreishandwerkerschaften
c) Innungen
d) Gewerkschaften

---

9. Conny ist der Meinung, dass sie zu wenig lernt, weil sie nur Haare wäscht. An wen sollte sie sich zunächst wenden, wenn eine Aussprache mit ihrem Chef nichts nützt?

a) An den Lehrlingswart der Innung
b) An den Obermeister der Innung
c) An den Direktor der Berufsschule
d) An das Arbeitsgericht

---

10. Was ist die Lehrlingsrolle?

a) Eine Turnübung für Berufsschüler
b) Das Verzeichnis der registrierten Ausbildungsverhältnisse
c) Eine jugendliche Frisur
d) Ein Part in einem von Berufsschülern aufgeführten Theaterstück

---

11. Welche Institution ist für die Überwachung der Ausbildungsverhältnisse zuständig?

a) Die Gesellenprüfungskommission
b) Das Arbeitsamt
c) Das Gewerbeaufsichtsamt
d) Die Handwerkskammer

---

12. Welche dieser Organisationen wird bei der Ausarbeitung der Prüfungsordnung für die Friseure wesentlich mitgewirkt haben?

a) Die Handwerkskammer für Oberbayern
b) Der Zentralverband des Deutschen Friseurhandwerks
c) Die Friseurinnung Dortmund
d) Die Kreishandwerkerschaft Augsburg

---

13. Für die Friseure soll ein neuer Tarifvertrag abgeschlossen werden. Wer sind die Partner, die diesen Vertrag aushandeln?

a) Landesinnungsverband und Gewerkschaft ver.di
b) Innungen und Arbeitsämter
c) Handwerkskammer und Landesarbeitsamt
d) Zentralverband des Deutschen Handwerks und Arbeitsministerium

---

14. Wann gilt ein Tarifvertrag auch für Nichtgewerkschafts- und Nichtinnungsmitglieder?

a) Sobald er von beiden Tarifpartnern unterschrieben ist.
b) Wenn alle Friseurmeisterinnen und -meister damit einverstanden sind.
c) Wenn ihn die Handwerkskammern in Kraft setzen.
d) Wenn er für allgemeinverbindlich erklärt wird.

---

15. Welche Aussage zum Arbeitsvertrag ist richtig?

a) Er sollte in schriftlicher Form abgeschlossen werden, wenn z.B. ein höherer als der Tariflohn vereinbart wird.
b) In einem Arbeitsvertrag kann ein untertariflicher Lohn vereinbart werden.
c) Vor Antritt einer neuen Stelle ist stets ein schriftlicher Arbeitsvertrag abzuschließen.
d) Ein Arbeitnehmer mit einem schriftlichen Arbeitsvertrag ist unkündbar.

16. In einem Arbeitszeugnis steht u. a.: „Mit den Kunden kam sie überhaupt nicht zurecht.“ Welche Aussage dazu ist richtig?

a) Wenn das zutrifft, muss es auch so im Arbeitszeugnis stehen.
b) Im Arbeitszeugnis darf die ausscheidende Friseurin nur gelobt werden.
c) Das Arbeitszeugnis darf keine ausgesprochen negativen, bei einer Bewerbung hinderlichen Aussagen enthalten.
d) Das Arbeitszeugnis sollte nur über Art und Dauer der Beschäftigung Auskunft geben.

---

17. Der Chef gibt einer Auszubildenden nur drei Wochen Urlaub mit der Begründung, dass sie öfters wegen Krankheit gefehlt habe. An welches Gericht kann sie sich wenden, wenn sonst keine Einigung zu erreichen ist?

a) An das Amtsgericht
b) An das Arbeitsgericht
c) An das Sozialgericht
d) An das Landgericht

---

18. Für Friseure ist es verhältnismäßig leicht, sich selbstständig zu machen. Was ist dafür ein Hauptgrund?

a) Man kann mit einem kleinen Salon anfangen.
b) Man muss nicht viel können.
c) Man braucht keine Meisterprüfung.
d) Man bekommt billige Kredite von der Innung.

---

19. Welcher dieser Berufe ist mit dem Friseurberuf am nächsten „verwandt“?

a) Masseur/in
b) Fußpfleger/in
c) Kosmetiker/in
d) Krankengymnast/in

---

20. Fachzeitschriften sind vielleicht nicht so unterhaltend wie Illustrierte. Warum sind sie trotzdem wichtig?

a) Friseure brauchen sie als Lesestoff in Leerlaufzeiten.
b) Sie dienen wartenden Kunden zum Zeitvertreib.
c) Sie informieren über Trends und Entwicklungen bei Produkten, in der Mode und bei Arbeitstechniken.
d) Sie sind die einzige Möglichkeit der Weiterbildung für Friseure.

---

21. Warum kommen Argumente wie „Das ist die Modeempfehlung für diesen Sommer“ bei vielen Kunden nicht mehr an?

a) Weil es keine Modeempfehlungen mehr gibt.
b) Weil die Friseurin/der Friseur allein entscheidet was der Kundin steht.
c) Weil individuelle Frisuren stärker gefragt sind.
d) Weil nur die Kundin selber weiß, was sie will.

---

22. Welche Auswirkungen auf den Friseurberuf sind dadurch zu erwarten, dass der Anteil der aktiven Senioren in der Bevölkerung zunimmt?

a) Es müssen mehr ältere Friseure beschäftigt werden, weil Senioren von älteren Friseuren bedient werden wollen.
b) Auch ältere Kunden legen Wert auf Beratung und schickes Aussehen.
c) Friseure müssen sich auf Rentnerfrisuren spezialisieren.
d) Ältere Menschen sind willkommene Übungsobjekte für Auszubildende, weil sie keine Ansprüche stellen.

23. Welche Maßnahme ist dazu geeignet, die Produktivität im Friseursalon zu steigern?

a) Sparen bei freiwilligen Leistungen (z. B. Umsatzbeteiligung, Fahrtkostenzuschuss u. a.)
b) Beschäftigung möglichst biiliger Mitarbeiter
c) Spezialisierung der Mitarbeiter auf bestimmte Tätigkeiten
d) Keine Zeit für Kundenberatung aufwenden

---

24. Isabella ist in ihrem Salon besonders geschätzt, weil sie den Kundinnen gerne Vorschläge zur Frisurengestaltung macht. Wie nennt man diese Mitarbeitereigenschaft?

a) Kompetenz
b) Aktivität
c) Kreativität
d) Spontaneität

---

25. Warum sollte man als Friseur/in besonders auf sein Äußeres bedacht sein?

a) Damit man von jedermann gleich als Friseurin, Friseur erkannt wird.
b) Weil man für die Kunden Vorbild sein sollte.
c) Weil man als Friseur/in für Kosmetika Reklame machen muss.
d) Als Friseur oder Friseurin muss man sich stets nach der neuesten Mode richten.

---

26. Welche dieser Überlegungen zeigt eine positive Einstellung zum Friseurberuf?

a) Mache ich mit diesem Pulli Eindruck bei den Kunden?
b) Wie viel Trinkgeld kann ich von diesem Kunden erwarten?
c) Was ziehe ich heute Abend in die Disko an?
d) Mache ich den Kunden Vorschläge für Farbbehandlungen?

---

27. Bei welcher Kollegin/welchem Kollegen zeigt sich eine positive Einstellung zum Beruf?

a) Uli verweist unangenehme Kunden möglichst an die Kollegen.
b) Lisa denkt bei der Beratung vor allem an den Nutzen für die Kundin.
c) Die besonders „tüchtige" Meike kritisiert gerne Kolleginnen bei jedem Fehler
d) Karin vermeidet Beratungsgespräche, weil sie dafür zusätzliche Zeit aufwenden müsste.

---

28. Was ist Ausdruck einer positiven Grundeinstellung eines Mitarbeiters?

a) Die Fähigkeit, die Kunden mit Witzen zu unterhalten.
b) Die Fähigkeit, auch bei wenig Arbeit einen überbeschäftigten Eindruck zu machen.
c) Freude am Beruf und die Bereitschaft, sich für den Betrieb einzusetzen.
d) Die Angewohnheit, den Chef über alle Fehler der Kollegen zu informieren.

---

29. Was ist wegen der ständigen Veränderungen im Beruf eine wichtige Voraussetzung für eine erfolgreiche Ausübung des Friseurberufs?

a) Stets der neuesten Mode entsprechendes Make-up
b) Ständige Bereitschaft zum Dazulernen
c) Kompromissloses Durchsetzungsvermögen
d) Die Fähigkeit, Kunden zu etwas zu überreden, was sie gar nicht wollen

30. Was ist für die Kundin der wichtigste Nebeneffekt ihres Friseurbesuchs?

a) Die Gelegenheit zum Tratsch mit anderen Kundinnen
b) Die Steigerung ihres Selbstwertgefühls durch die neue Frisur
c) Die Möglichkeit zum Durchblättern der Illustrierten
d) Die Chance, der Friseurin ausführlich vom Urlaub in Mallorca zu berichten

---

31. Welche Friseurdienstleistung wird von den Kunden nur selten verlangt, aber trotzdem meistens gewünscht?

a) Haarschneiden
b) Eine Maniküre
c) Anbieten von Kosmetika
d) Beratung zur Frisurengestaltung und Haarpflege

---

32. Was ist ein Kaufmotiv?

a) Eine Kreditkarte, mit der man einkaufen kann, ohne bar bezahlen zu müssen
b) Ein im Schaufenster ausgestelltes käufliches Bild
c) Ein Grund, der Kunden zum Erwerb einer Ware oder zur Inanspruchnahme einer Dienstleistung veranlasst
d) Eine Werbeaktion eines Friseurunternehmers, mit der er seinen Absatz an Kosmetika steigern will

---

33. Welches dieser Kaufmotive ist hauptsächlich gefühlsbetont (emotional)?

a) Mit der großen Flasche spare ich 1,60 €.
b) Hier brauche ich nicht lange zu warten.
c) Um diese Haarfarbe werden mich die Kolleginnen beneiden.
d) Mit diesem Haarwasser kann ich meine lästigen Schuppen loswerden.

---

34. Wo handelt es sich um ein vernunftbetontes (rationales) Kaufmotiv?

a) Diese Haarkur lasse ich machen, damit mein Haar auch so seidig glänzt.
b) Mit dieser Frisur sehe ich mindestens so toll aus wie Uschi.
c) Mit diesem Parfüm kann mich Walter nicht mehr übersehen.
d) Ich brauche noch ein Sonnenschutzmittel für meinen Italienurlaub.

---

35. Auf welche Art von Kaufmotiv zielt der folgende Werbespruch: „SCHUPPIWEG enthält spezielle Wirkstoffe gegen Schuppen"?

a) Zeitersparnis
b) Frischegefühl
c) Nachahmungstrieb
d) Gesundheitsbedürfnis

---

36. Auf welche Art von Kaufmotiv zielt der folgende Werbespruch: „BEAUTY CREAM pflegt ihre Haut verführerisch zart"?

a) Geltungsbedürfnis
b) Schönheitsverlangen
c) Bequemlichkeit
d) Geldersparnis

37. Welches Argument zielt auf den Nachahmungstrieb als Kaufmotiv?

a) „Diese Duftnote ist ganz neu und wird viel verlangt."
b) „Diese Dauerwelle hält garantiert 5 Monate."
c) „Mit dieser Haarfarbe werden Sie Aufsehen erregen."
d) „Sie werden auf die erfrischende Wirkung und den Duft dieses Aftershaves bald nicht mehr verzichten wollen."

Umgang mit Kunden

38. Welche Kollegin meldet sich richtig am Telefon?

a) Laura: „Salon Hairtrend"
b) Conny: „Salon Hairtrend. Was wollen Sie?"
c) Maria: „Salon Hairtrend. Klinger. Guten Tag. Was kann ich für Sie tun?"
d) Marion: „Ja?"

39. Eine Kundin möchte einen Termin vereinbaren. Welche Antwort ist höflich?

a) „Frau Müller, passt es Ihnen morgen um 10 Uhr? – Danke für Ihren Anruf."
b) „Nein, Frau Müller, morgen geht es nicht."
c) „Das kann ich Ihnen jetzt noch nicht sagen. Rufen Sie rnorgen nochmal an."
d) „Um 14 Uhr kann ich Sie noch annehmen, Sie müssen aber pünktlich sein!"

40. Wie erkundigen Sie sich höflich nach dem Namen des Kunden?

a) „Wie heißen Sie gleich wieder?"
b) „Ich habe ihren Namen nicht verstanden. Sie müssen langsamer sprechen."
c) „Sagen Sie mir bitte Ihren Namen nochmal, damit ich ihn gleich richtig eintragen kann.
d) „Nun müssen Sie mir noch schnell Ihren Namen sagen."

41. Eine Kundin kann nicht gleich bedient werden. Wie sollten Sie sich verhalten.

a) Ihr alle 15 Minuten neue Illustrierte bringen.
b) Ihr immer wieder versichern, dass sie nun bald an der Reihe sei.
c) Sie gleich an einen freien Bedienungsplatz setzen, damit sie glaubt, gleich bedient zu werden.
d) Ihr den Grund des Wartenmüssens erklären und sie auch während der Wartezeit ansprechen.

42. Kunden sollen sich auch während der Bedienung wohlfühlen. Was dient diesem Zweck am besten?

a) Sie geben Ihre neuesten Witze zum Besten.
b) Sie beschreiben ihr die traumhaften Typen, die Sie gestern auf einer Party kennen gelernt haben.
c) Sie denken daran, was die Kundin alles an Kosmetika brauchen könnte und versuchen, ihr möglichst viel zu verkaufen.
d) Sie sorgen für einen ordentlichen Arbeitsplatz und vermeiden unnötige Verzögerungen bei der Bedienung.

43. Welche Verabschiedung ist dazu geeignet, aus einer Laufkundin eine Stammkundin zu machen?

a) „Sonst haben Sie heute ja wohl keine Wünsche. Also dann auf Wiedersehen."
b) „Muss ich Ihnen in den Mantel helfen oder kommen sie alleine zurecht?"
c) „Diese Frisur steht Ihnen aber sehr gut, Frau Schwerte. – Vielen Dank für Ihren Besuch. Auf Wiedersehen."
d) „Sie brauchen sicher auch noch ein Shampoo oder eine Haarkur für zu Hause? Oder wie wär's mit einer Dose Haarspray oder einem Wetgel?"

---

44. Auf welche Charaktereigenschaft lässt die folgende Kundenäußerung schließen: „Ich weiß nicht recht, ob mir diese Haarfarbe steht?"

a) Eitelkeit
b) Misstrauen
c) Geiz
d) Unentschlossenheit

---

45. Welches Verhalten ist einer skeptischen Kundin gegenüber, die sich nicht recht zu einer Färbung ihrer Haare entschließen kann, am ehesten angebracht?

a) Ihr schildern, welches Aufsehen sie mit einer neuen Haarfarbe erregen würde.
b) Sie mit einem Hinweis auf die teure Arbeitszeit zu einer schnellen Entscheidung drängen.
c) Auf ihre Bedenken eingehen und die Kundin mit fachlichen Argumenten zu überzeugen versuchen.
d) Ihr einfach sagen, dass sie mit ihrer unansehnlichen Haarfarbe nicht länger herumlaufen könne.

---

46. „Dieses Haarwasser hilft sowieso nicht." Welchem Kundentyp lässt sich diese Aussage zuordnen?

a) Dem zurückhaltenden, unentschlossenen Typ
b) Dem arroganten Typ
c) Dem eitlen Typ
d) Dem misstrauischen, geizigen Typ

---

47. Welche dieser Eigenschaften ist typisch für eine modebegeisterte junge Kundin?

a) Sie richtet sich nicht nach der vorherrschenden Meinung.
b) Sie begeistert sich für alles Neue und fällt gerne auf.
c) Sie legt großen Wert auf gepflegtes Aussehen und ist korrekt gekleidet.
d) Sie kleidet sich sehr lässig und benutzt grundsätzlich kein Make-up.

---

48. Stammkunden und Laufkunden unterscheiden sich in ihrer Altersstruktur. Welche Altersgruppe stellt den größten Teil der Laufkunden?

a) Die bis 25-Jährigen
b) Die bis 40-Jährigen
c) Die bis 60-Jährigen
d) Die über 60-Jährigen

---

49. Aus welchen Gründen unterbleibt häufig das Verkaufs- bzw. Beratungsgespräch?

a) Weil Kunden sowieso keine Beratung wünschen.
b) Weil man bei der Arbeit grundsätzlich nur das Nötigste reden sollte.
c) Weil es Fachkenntnisse voraussetzt und man auf die Kundschaft eingehen muss.
d) Weil die Kundenberatung allein Sache des Chefs (der Chefin) ist.

50. Warum sollten Sie beim Beratungsgespräch Redewendungen wie „Ich könnte ja ...“ oder „Sollten wir vielleicht ...“ vermeiden?

a) Weil Sie nicht dem Kunden die Entscheidung überlassen dürfen.
b) Weil Sie damit erkennen lassen, dass Sie sich in Ihrem Urteil selber nicht sicher sind.
c) Weil solche Redewendungen unhöflich wirken.
d) Weil Kunden doch nie wissen, was sie wollen.

---

51. Mit welcher Äußerung wird positiv argumentiert?

a) „Wegen der gestiegenen Löhne haben auch wir die Preise stark heraufsetzen müssen.“
b) „Wenn Sie die Haare gefärbt haben wollen, müssen Sie aber alle vier Wochen zum Nachfärben kommen.“
c) „Ihr Mann wird von Ihrer neuen Haarfarbe begeistert sein.“
d) „Dieses Parfüm ist aber um 6,50 € teurer als das andere.“

---

52. Welche Frage ist eine Suggestivfrage?

a) „Darf ich Ihnen beide Flaschen einpacken?“
b) „Kann ich Ihnen behilflich sein?“
c) „Sie möchten sich sicher die neuen Frisurenvorschläge ansehen?“
d) „Möchten Sie eine Sonnencreme oder lieber ein Sonnenöl?“

---

53. Um welche Art von Frage handelt es sich hier? „Haben Sie Probleme mit Ihrer Frisur, Frau Kemper?“

a) Um eine Suggestivfrage
b) Um eine Erkundungsfrage
c) Um eine Rhetorische Frage
d) Um eine Entscheidungsfrage

---

54. Welchen Vorteil haben offene Fragen bei der Erkundung des Kundenwunsches?

a) Solche Fragen sind am kürzesten.
b) Die Kunden verstehen nur solche Fragen.
c) Offene Fragen werden ausführlicher beantwortet.
d) Solche Fragen sind Voraussetzung für den Warenverkauf.

---

55. Beim Beratungs- und Verkaufsgespräch spielt auch die „Körpersprache“ eine wichtige Rolle. Was versteht man darunter?

a) Die Sprache der Bauchredner
b) Körperhaltung, Gesten und Gesichtsausdruck der Gesprächspartner
c) Jedes Gespräch über Probleme der Körperpflege
d) Die Zeichensprache Taubstummer

---

56. Beate beobachtet durch das Salonfenster die Passanten, während sie einer Kundin die Vorteile einer Haarkur erklärt. Was wird die Kundin dabei denken?

a) „Alle Achtung! Die kann mich beraten und gleichzeitig den Verkehr vor dem Salon beobachten.“
b) „Der scheint es gleichgültig zu sein, ob mich ihre Argumente interessieren.“
c) "Endlich eine Friseurin, die mich vorbildlich berät.“
d) „Die weiß, was meinem Haar gut tut. Ohne es sich auch nur anzusehen.“

57. Oft sind kleine Details wichtige Aussagen der Körpersprache. Was kann ein Neigen des Kopfes nach rechts bedeuten?

a) Zweifel, Misstrauen
b) Zustimmung, Anerkennung
c) Enttäuschung, Unmut
d) Überraschung, Aufmerksamkeit.

58. Wie sollte man auf Kunden-einwände reagieren?

a) Den Einwand einfach überhören.
b) Mit fachlichen Argumenten auf den Einwand eingehen.
c) Dem Kunden in allem Recht geben, auch wo er nicht Recht hat.
d) Den Kunden mit Fachausdrücken verwirren.

59. Kundin: „Ich lasse meine Haare nicht färben." Welche Kollegin reagiert richtig?

a) Manuela: „Sie möchten Ihre Haare nicht färben lassen?"
b) Steffi: „Haarfärben ist doch heute etwas Selbstverständliches."
c) Claudia: „Wenn Ihnen eine Färbung zu teuer ist, machen wir halt nur eine Tönung."
d) Doris: „Was haben Sie denn gegen eine Färbung?"

60. Welchen Sinn hat es, den Kern eines Kundeneinwandes als Frage zu wiederholen? Beispiel: „Sie meinen, dass Färben Ihren Haaren schadet?"

a) Die Friseurin gewinnt damit Zeit, um sich eine Ausrede überlegen zu können.
b) Die Friseurin will damit der Kundin Recht geben und sie in ihrer Befürchtung bestärken.
c) Die Kundin wird dadurch veranlasst, ihre Bedenken näher zu begründen.
d) Mit einem drohenden Unterton soll eine solche Frage bewirken, dass die Kundin ihren Einwand zurücknimmt.

61. Kunde: „Jetzt reicht es mir! Eine halbe Stunde warte ich jetzt schon!" Welche Reaktion des Friseurs wäre angemessen?

a) „Stimmt nicht. Sie sind erst vor 20 Minuten gekommen."
b) „Die paar Minuten werden Sie doch wohl Zeit haben."
c) „Haben Sie bitte Verständnis dafür, dass es heute etwas dauert. Frau Lorenz ist in fünf Minuten tür Sie frei."
d) „Das kann doch mal passieren. Frau Lorenz hat sich verschlafen, darum müssen alle etwas länger warten.

62. Kundin: „Haarkuren bekomme ich woanders billiger." Wie begegnen Sie diesem „Preisein-wand" richtig?

a) „Ein Billigprodukt könnte ich Ihnen auch anbieten, aber dieses Pflegemittel ist genau das, was Ihr Haar braucht."
b) „Ich kann mir schon denken, wo das ist, aber die verkaufen nur Mist.
c) „Das kann nicht sein, denn bei diesem Produkt ist der Verkaufspreis vorge-schrieben."
d) „Ja, dann müssen Sie sich Ihre Haarkur halt woanders kaufen."

63. Worauf sollten Sie beim Beratungsgespräch besonders achten?

a) Unbedingt korrektes Schriftdeutsch sprechen.
b) Ja keine Sprechpausen entstehen lassen.
c) Blickkontakt suchen.
d) Der Kundin/dem Kunden in allem Recht geben.

---

64. Welche Fragestellung ist zur Ermittlung des Kundenwunsches besonders geeignet?

a) „Was für eine Dauerwelle möchten Sie?"
b) „Brauchen wir wieder einmal eine neue Dauerwelle?"
c) „Wie stellen Sie sich Ihre neue Frisur vor?"
d) „Sie wünschen sicher nur Waschen und Legen?"

---

65. Auch bei der Haar- und Kopfhautdiagnose ist „Fingerspitzengefühl" notwendig. Wie könnten Sie formulieren?

a) „Ihr Kopf ist furchtbar schuppig. Da müssen Sie unbedingt etwas dagegen tun.
b) „Bei Ihrem scheckigen Haar hilft nur noch eine Färbung."
c) „Diese grauen und dünnen Haare sind für Ihr Alter ganz normal."
d) „Die Haarspitzen sind etwas trocken und porös. Ich empfehle Ihnen eine Spezialkur."

---

66. Was sollte das entscheidende Motiv für eine Zusatzbehandlung sein?

a) Der Nutzen für die Kundin/den Kunden
b) Die Steigerung des Umsatzes an Haut- und Haarpflegemitteln
c) Die Demonstration des großen Leistungsangebots des Salons
d) Die Überbrückung von Leerlaufzeiten

---

67. Warum sollten Sie der Kundin/dem Kunden zum Abschluss das Arbeitsergebnis demonstrieren?

a) Damit das Trinkgeld entsprechend großzügig ausfällt.
b) Damit sich der Kunde bestätigt fühlt und sieht, wie seine Wünsche verwirklicht wurden.
c) Damit der Kunde Gelegenheit bekommt, das Können des Friseurs zu loben.
d) Damit der Kunde überzeugt wird, dass man jeden seiner Frisurenwünsche realisieren kann.

Punkte	0 – 19	20 – 32	33 – 43	44 – 53	54 – 60	61 – 67
Note	6	5	4	3	2	1

Gesundheits- und Umweltschutz im Friseurberuf

Hygiene in der Friseurpraxis

1. Was verstehen wir heute unter Hygiene in ihrer umfassenden Bedeutung?

a) Das Waschen und Eincremen der Hände
b) Die vorbeugende Krankheitsbekämpfung durch Ausschalten gesundheitsschädlicher Umwelteinflüsse
c) Das Anwenden von Desinfektionsmitteln
d) Das tägliche Duschen und Baden

2. In welchen Hygienebereich ist die Reinigung und Desinfektion von Werkzeugen (z. B. Kämme, Scheren) einzuordnen?

a) Öffentliche Hygiene
b) Gewerbliche Hygiene
c) Persönliche Hygiene
d) Umwelthygiene

3. Welche Maßnahme zählt zur persönlichen Hygiene?

a) Beseitigung des Mülls durch die städtische Müllabfuhr
b) Sauberhaltung der Betriebsräume
c) Reinhaltung und Pflege des eigenen Körpers
d) Reinigen von Spiegeln, Waschbecken usw. im Salon

4. Viele ansteckende Krankheiten werden von Viren verursacht. Bei welcher dieser Krankheiten ist das der Fall?

a) Bei Akne
b) Bei AIDS
c) Bei Fußpilz
d) Bei Schuppenflechte

5. Zu welcher Gruppe von Mikroorganismen gehören Bazillen?

a) Zu den Viren
b) Zu den Pilzen
c) Zu den Kokken
d) Zu den Bakterien

6. Viele Hautkrankheiten werden von Pilzen verursacht. Welche Sammelbezeichnung gibt es für solche Erkrankungen?

a) Seborrhöen
b) Ekzeme
c) Mykosen
d) Melanome

7. In manchen Gegenden sind Zecken mit gefährlichen Krankheitserregern verseucht. Welche dieser Krankheiten können sie übertragen?

a) Hirnhautentzündung (Meningitis)
b) Grippe
c) Kinderlähmung
d) Keuchhusten

8. Woran können Sie bei einer Kundschaft Läusebefall erkennen?

a) An stark entzündeter Kopfhaut
b) An den auf der Kopfhaut abgelegten Läuseeiern, den Nissen
c) An den lose an den Haaren haftenden schuppenartigen Gebilden
d) An hellen Knötchen, die fest im Haar haften

9. Welche Maßnahme ist richtig, wenn Sie während der Bedienung Läusebefall feststellen?

a) So tun, als hätte man nichts bemerkt.
b) Alle bei der Bedienung benutzten Geräte und Wäschestücke desinfizieren.
c) Haare und Kopfhaut der Kundschaft gründlich mit Spiritus einreiben.
d) Bei der Kundschaft eine Haarkur machen, um dadurch Läuse und Nissen abzutöten.

---

10. In welcher Vorschrift sind die Maßnahmen aufgeführt, die im Friseursalon zur Verhütung von Infektionen zu beachten sind?

a) Im Bundesgesundheitsgesetz
b) In der Kosmetik-Verordnung
c) In der Handwerksordnung
d) In der Hygiene-Verordnung

---

11. Wie nennt man die Ansteckung und Übertragung von Krankheitserregern?

a) Infiltration
b) Inkubation
c) Infektion
d) Desinfektion

---

12. Was schreibt die Hygiene-Verordnung vor?

a) Rasiermesser dürfen grundsätzlich nicht mehr verwendet werden.
b) Geräte, die mit Blut des Kunden in Berührung kommen könnten, z. B. Rasiermesser, sind nach jeder Benutzung zu desinfizieren und sorgfältig zu reinigen.
c) Scheren, Kämme und Bürsten müssen einmal am Tag desinfiziert werden.
d) Geräte, die mit Blut des Kunden in Berührung gekommen sind, müssen mit einem feuchten Tuch abgewischt werden.

---

13. Wodurch kann AIDS übertragen werden?

a) Durch Anhusten oder Niesen
b) Durch Speichel, z. B. beim Küssen
c) Durch Blut oder Sperma
d) Durch Friseurwerkzeuge, die mit Haut oder Haaren eines Kranken in Berührung gekommen sind

---

14. Was bewirkt eine Desinfektion?

a) Bessere Durchblutung der Haut
b) Abhärtung des Körpers
c) Unschädlichmachen von Krankheitserregern
d) Nur eine Reinigung der Haut

---

15. Wie nennt man die Zeit zwischen der Ansteckung und dem Ausbruch der Krankheit?

a) Infektionszeit
b) Latenzzeit
c) Inkubationszeit
d) Einwirkzeit

---

16. Welche Maßnahme hat Desinfektionswirkung?

a) Auskochen in Wasser
b) Bestrahlen mit Rotlicht
c) Erhitzen auf mindestens 60 °C
d) Blaulichtbestrahlung

17. Was ist kein Desinfektionsmittel?

a) Wasserstoffperoxidlösung
b) Ethanol
c) Isopropanol
d) Destilliertes Wasser

18. Welche Aussage zu Reinigungs- und Desinfektionsmaßnahmen bei Werkzeugen ist richtig?

a) Werkzeuge müssen zuerst abgewischt und dann in die Desinfektionslösung gelegt werden.
b) Werkzeuge werden nur in die Desinfektionslösung gelegt, abspülen und reinigen ist dann nicht notwendig.
c) Werkzeuge müssen zuerst desinfiziert und dann gereinigt werden.
d) Werkzeuge müssen zuerst gereinigt und dann desinfiziert werden.

Verhütung von Berufskrankheiten und Unfällen/Umweltschutz

19. Warum sind beruflich bedingte Hautschädigungen bei Friseuren so häufig?

a) Weil ein ausreichender Schutz der Hände zu teuer wäre.
b) Weil durch den häufigen Kontakt mit den Präparaten der Haut natürliche Schutzstoffe entzogen werden.
c) Weil alle Friseurpräparate hautschädigend sind.
d) Weil es keine Information darüber gibt, wie man die Hände besser schützen kann.

20. Welche der folgenden Regeln dient nicht der Verhütung von Hautschädigungen?

a) Auch beim Haarewaschen Schutzhandschuhe tragen
b) Die Hände gründlich abspülen, wenn sie mit Wellmittel Kontakt hatten
c) Hände nach jedem Kontakt mit Färbemittel gründlich mit Kernseife waschen
d) Wellmittel möglichst mit Auftragflasche auftragen

21. Was sind Allergene (Antigene)?

a) Alle Stoffe, die Hautrötungen verursachen.
b) Wirkstoffe, die gegen Allergien eingesetzt werden.
c) Auf Allergien spezialisierte Ärzte.
d) Stoffe, die eine Allergie auslösen konnen.

22. Welche Aussage über allergische Reaktionen ist falsch?

a) Zu einer allergischen Reaktion kommt es schon beim ersten Kontakt mit dem allergieauslösenden Stoff.
b) Beim ersten Kontakt mit einem allergieauslösenden Stoff kommt es im Körper zur Bildung von Antikörpern.
c) Zu einer allergischen Erkrankung kommt es erst, wenn der Körper bereits Antikörper gebildet hat.
d) Allergene können nicht nur Chemikalien, sondern auch Lebensmittel, sonstige Naturstoffe und Metalle sein.

23. Für welche dieser Arbeiten sind nach den Technischen Regeln für Gefahrstoffe (TRGS 530) Einmalhandschuhe zu tragen?

a) Beim Haarewaschen
b) Beim Arbeiten mit Dauerwell- und Fixiermitteln
c) Beim Desinfizieren von Werkzeugen
d) Beim Putzen des Salons

---

24. Warum darf nach der TRGS 530 bei der Friseurarbeit kein Arm- oder Handschmuck getragen werden?

a) Weil man mit Schmuck an den Händen nicht arbeiten kann.
b) Weil durch Wasser und Chemikalien unter dem Schmuck die Haut geschädigt werden könnte.
c) Weil Schmuck den Neid der Kundinnen erwecken könnte.
d) Weil jeder Schmuck zu allergischen Reaktionen der Haut führt.

---

25. Wodurch wird das Entstehen von Fußverbildungen gefördert?

a) Durch Barfußgehen auf Sand oder Rasen.
b) Durch Fußgymnastik.
c) Durch orthopädische Schuhe.
d) Durch langes Stehen in Schuhen mit hohen Absätzen.

---

26. Wie können Friseure gegen Rückenbeschwerden vorbeugen?

a) Durch Arbeiten mit höhenverstellbaren Bedienungsstühlen
b) Durch Arbeiten in seitlich verdrehter Körperhaltung
c) Durch kräftiges Krümmen des Rückens beim Heben von Lasten
d) Durch Verzicht auf Rollhocker und andere Stehhilfen, z. B. beim Haareschneiden

---

27. Welche Wissenschaft befasst sich damit, den Arbeitsplatz, die Maschinen und Werkzeuge sowie den Arbeitsablauf so menschenfreundlich wie möglich zu gestalten?

a) Die Anatomie
b) Die Biologie
c) Die Physik
d) Die Ergonomie

---

28. Wer ist Träger der gesetzlichen Unfallversicherung im Friseurhandwerk?

a) Der Zentralverband des deutschen Friseurhandwerks.
b) Die Berufsgenossenschaft für Gesundheitsdienst und Wohlfahrtspflege.
c) Die für den jeweiligen Bezirk zuständige Handwerkskammer.
d) Die Bundesagentur für Arbeit.

---

29. Welcher Satz ist <u>nicht</u> Bestandteil der allgemeinen Unfallverhütungsvorschriften?

a) Alle Beschäftigten sind auf die mit ihrer Beschäftigung verbundenen Gefahren hinzuweisen.
b) Leitern und Tritte müsen in genügender Zahl und Größe bereitgestellt werden.
c) Arbeits- und Aufenthaltsräume sind je nach vorliegenden Bedürfnissen ausreichend zu lüften.
d) Werkzeuge und Geräte sind einmal im Jahr auf ordnungsgemäßen Zustand zu überprüfen.

30. Welche Regel zum Umgang mit elektrischem Strom bzw. Elektrogeräten ist falsch?

a) Leitungsschnüre und Stecker sollte man öfters überprüfen.
b) Elektrogeräte, Stecker und Leitungen nicht mit nassen Händen anfassen.
c) Beim Reinigen von Elektrogeräten den Stecker herausziehen.
d) Stecker sind grundsätzlich aus der Steckdose zu ziehen, indem man an der Leitungsschnur zieht.

---

31. Was trägt wesentlich zur Luftverunreinigung im Friseursalon bei?

a) Zu großzügiger Umgang mit Sprays
b) Verwendung von nicht staubendem Blondiergranulat
c) Verzicht auf das Rauchen
d) Einrichtung extra zu entlüftender Misch- und Umfüllplätze

---

32. Was sagt die TRGS 530 sinngemäß zum Rauchen im Friseursalon?

a) Es darf grundsätzlich nicht geraucht werden.
b) Nur die Beschäftigten dürfen rauchen, nicht aber die Kunden.
c) Die Beschäftigten dürfen nicht rauchen.
d) Die Beschäftigten dürfen rauchen, wenn auch die Kunden rauchen.

---

33. Welche Vorschrift über Nassarbeiten im Salon (z. B. Haarewaschen) ist sinngemäß in der TRGS 530 enthalten?

a) Nassarbeiten sind ausschließlich von den Auszubildenden zu verrichten.
b) Für Nassarbeiten sind eigene Hilfskräfte zu beschäftigen.
c) Für Nassarbeiten ist stets die gleiche Mitarbeiterin/der gleiche Mitarbeiter einzuteilen.
d) Die Arbeit ist so zu organisieren, dass ein ständiger Wechsel zwischen Nass- und Trockenarbeit gewährleistet ist.

---

34. Was sagt die TRGS 530 über die Benutzung von Kundenhandtüchern?

a) Benutzte Handtücher können nach dem Trocknen wieder verwendet werden.
b) Handtücher dürfen nur einen Tag lang benützt werden und sind dann zu waschen.
c) Die Verwendung von Kundenhandtüchern zur Trocknung der Hände ist zu untersagen.
d) Bei Kunden dürfen grundsätzlich nur Einmalhandtücher (aus Papier) verwendet werden.

---

35. Umweltschutz sollte auch im Friseursalon beachtet werden. An welche Grundregel ist dabei zu denken?

a) Keine größeren Präparatmengen zubereiten als für die Behandlung nötig sind.
b) Immer nur Portionspackungen verwenden, damit man nicht abmessen muss.
c) Lieber mehr Putz- und Desinfektionsmittel verwenden, als in der Gebrauchsanweisung steht.
d) Immer nur die teuersten Produkte kaufen, weil die auch immer am umweltfreundlichsten sind.

36. Müllentsorgung ist teuer. Wie können auch Sie Müll vermeiden helfen?

a) Durch sorgfältiges Sortieren des Abfalls
b) Durch Verzicht auf den Kauf von Waren in unnötiger oder zu aufwendiger Verpackung
c) Durch Kauf von Produkten in Einwegverpackungen, z. B. Plastikflaschen
d) Durch Rückgabe der Verpackungen an die Herstellerfirmen

---

37. Welche Aussage zum Stromverbrauch ist zutreffend?

a) Je mehr Strom ein Friseurgeschäft verbraucht, desto mehr Rabatt bekommt es vom Stromlieferanten.
b) Hoher Stromverbrauch verursacht hohe Kosten und führt letztlich auch zu stärkerer Umweltbelastung.
c) Je mehr Strom verbraucht wird, desto billiger wird er für alle Abnehmer.
d) Beim Stromverbrauch kann man nicht sparen, weil Strom ohnehin fast nichts kostet.

---

38. Wovon sind Stromverbrauch und Stromkosten beim Betrieb eines Elektrogeräts abhängig?

a) Von Stromstärke und Spannung.
b) Von Widerstand und Spannung.
c) Von Leistungsaufnahme und Betriebsdauer.
d) Von der Frequenz.

Punkte	0 – 11	12 – 18	19 – 24	25 – 30	31 – 34	35 – 38
Note	6	5	4	3	2	1

Biologische Grundlagen

Zellen, Knochen, Nerven und Muskeln

1. Welche Wissenschaft befasst sich mit der „Lehre vom Leben"?	a) Die Anatomie b) Die Histologie c) Die Biologie d) Die Zoologie
2. Wie nennt man die Substanz, aus der die Zelle hauptsächlich besteht?	a) Endoplasmatisches Retikulum b) Vakuolen c) Kernmembran d) Zytoplasma
3. Welche Zellbestandteile sind die Träger der Erbanlagen?	a) Die Zellmembranen b) Die Mitochondrien c) Die Vakuolen d) Die Chromosomen
4. Welche Aussage trifft auf die Zellmembran zu?	a) Sie ist völlig undurchlässig. b) Sie ist für alle Stoffe durchlässig. c) Sie lässt Stoffe nur in die Zelle eindringen. d) Sie ist nur für bestimmte Substanzen durchlässig und reguliert den Ein- und Austritt von Stoffen.
5. Welche Zellenart bezeichnet man auch als Epithelzellen?	a) Muskelzellen b) Deckzellen c) Nervenzellen d) Bindegewebszellen
6. Welche Knochen sind sogenannte Plattenknochen?	a) Finger- und Zehenglieder b) Unterarmknochen c) Rippen d) Schädelknochen
7. Welcher Bestandteil gibt dem Knochen seine Festigkeit?	a) Die Knochenhaut b) Das Knochenplasma c) Die Knochenrinde d) Das Knochenmark
8. Wodurch werden die Knochen im Laufe des Lebens härter?	a) Durch Austrocknung b) Durch Eiseneinlagerung c) Durch Kalkeinlagerung d) Durch Vermehrung der Bindegewebszellen
9. Welcher Knochen gehört zum Gesichtsschädel?	a) Stirnbein b) Jochbein c) Schläfenbein d) Keilbein

10. Wie heißt der auf der Skizze bezeichnete Knochen?

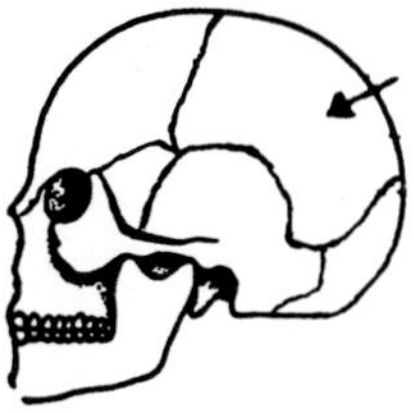

a) Scheitelbein
b) Jochbein
c) Schläfenbein
d) Keilbein

11. Wie werden Rückenmark und Gehirn zusammenfassend genannt?

a) Zentrales Nervensystem
b) Sensibles Nervensystem
c) Motorisches Nervensystem
d) Peripheres Nervensystem

12. Wie nennt man die Nerven, die Reize von den Sinnesorganen zum Rückenmark und Gehirn leiten?

a) Bewegungsnerven
b) Empfindungsnerven
c) Eingeweidenerven
d) Reiznerven

13. Wie heißt der dreigeteilte, sensible Nervenast des Gesichts?

a) Trigeminus
b) Facialis
c) Meniskus
d) Tonus

14. Welche Aussage trifft auf den Facialis zu?

a) Er gehört zum Zentralnervensystem.
b) Er ist für alle Reflexbewegungen zuständig.
c) Er ist der motorische Nerv für die mimischen Muskeln.
d) Er besteht aus Stirn-, Unteraugen- und Kinnast.

15. Von welchem Nervensystem wird u. a. die Durchblutung (auch die Durchblutung der Haut) gesteuert?

a) Vom vegetativen Nervensystem
b) Vom peripheren Nervensystem
c) Vom Gehirn über sensible Nerven
d) Vom sensiblen Nervensystem

16. Welcher Gesichtsmuskel ermöglicht das Hochziehen der Augenbrauen?

a) Der Augenringmuskel
b) Der Jochbeinmuskel
c) Der Dreiecksmuskel
d) Der Stirnmuskel

17. Welche Muskeln meint man mit den mimischen Muskeln?

a) Die Kaumuskeln
b) Die Arm- und Beinmuskeln
c) Die Muskeln der inneren Organe
d) Die Muskeln des Gesichts

18. Welcher Muskel gehört nicht zu den mimischen Muskeln?

a) Augenringmuskel
b) Mundringmuskel
c) Kaumuskel
d) Dreiecksmuskel

19. Welche Aussage über Muskeln trifft zu?

a) Muskeln können sich zusammenziehen und auch selber strecken.
b) Muskeln können sich selber nur zusammenziehen und brauchen zum Strecken einen „Gegenspieler“ .
c) Muskeln bestehen aus Epithelzellen.
d) Muskeln spannen sich bei entsprechenden Anreizen, die sie von den sensiblen Nerven erhalten.

---

20. Welche Gesichtsbewegung ermöglicht der Dreiecksmuskel?

a) Zusammenkneifen des Mundes
b) Hochziehen der Mundwinkel
c) Heben der Nasenflügel
d) Seitliches Herabziehen der Mundwinkel

---

21. Warum muss die Kosmetikerin Lage und Verlauf der Gesichtsmuskulatur kennen?

a) Sie sollte sich bei den Massagegriffen danach richten.
b) Es dürfen nur Augenring- und Mundringmuskel massiert werden.
c) Bestimmte Gesichtsmuskeln dürfen bei der Massage nicht beeinflusst werden.
d) Eine fehlerhafte Massage könnte schwere Gesundheitsschäden bei der Kundin verursachen.

---

22. Was versteht man unter Tonus?

a) Den Gesichtsausdruck
b) Den natürlichen Spannungszustand der Muskulatur
c) Den motorischen Nerv des Gesichts
d) Den sensiblen Nerv des Gesichts

Das Kreislaufsystem

23. Was gehört nicht zu den Aufgaben des Blutes?

a) Transport des Sauerstoffs zu den Zellen
b) Abwehr von Krankheitserregern
c) Regulieren der Körpertemperatur
d) Transport des Kohlendioxids zu den Zellen

---

24. Wie heißt die gelblich-klare Gewebsflüssigkeit?

a) Lymphe
b) Zellmembran
c) Blutplasma
d) Fibrinogen

---

25. Welche Bedeutung haben die Lymphknoten?

a) Es sind lediglich Kreuzungspunkte der Lymphgefäße.
b) Es sind krankhafte Wucherungen der Lymphgefäße.
c) Sie erzeugen die Lymphflüssigkeit
d) Sie filtern und entgiften die Lymphe

---

26. Wie viel Liter Blut hat ein Erwachsener mit 70 kg Körpergewicht etwa?

a) 3 – 4 Liter
b) 4 – 5 Liter
c) 5 – 6 Liter
d) 6 – 7 Liter

27. Wie heißt der flüssige Bestandteil des Blutes?

a) Blutplasma
b) Blutkörper
c) Fibrinogenum
d) Blutsaft

---

28. Welche Aufgabe kommt dem Fibrinogen zu?

a) Abwehr von Krankheitserregern
b) Transport des Sauerstoffs zur Lunge
c) Einleitung der Blutgerinnung
d) Bildung des Wundverschlusses bei Verletzungen

---

29. Welcher Blutbestandteil hat u. a. die Aufgabe, die Nährstoffe zu den Zellen zu transportieren?

a) Die Leukozyten
b) Die Thrombozyten
c) Die Erythrozyten
d) Das Blutserum

---

30. Wo entstehen die roten Blutkörperchen?

a) In der Leber
b) In der Milz
c) Im Knochenmark
d) Im Gehirn

---

31. Worin liegt die Hauptaufgabe der roten Blutkörperchen?

a) In der Abwehr von Krankheitserregern
b) Im Nährstofftransport
c) In der Temperaturregulierung
d) Im Sauerstofftransport

---

32. Zu welchem Vorgang gehört die Sauerstoffaufnahme der Zellen aus dem Blut?

a) Zur inneren Atmung
b) Zur Lungenatmung
c) Zur äußeren Atmung
d) Zur Hautatmung

---

33. Wo können weiße Blutkörperchen gebildet werden?

a) In den Lymphknoten
b) In den Lungenbläschen
c) In den Nieren
d) In der Leber

---

34. Wie werden die weißen Blutkörperchen noch genannt?

a) Erythrozyten
b) Leukozyten
c) Thrombozyten
d) Melanozyten

---

35. Wofür sind die weißen Blutkörperchen zuständig?

a) Für den Gasaustausch zwischen Lunge und Zellen
b) Für den Transport der Hormone zu den Zellen
c) Für die Abwehr von Krankheitserregern
d) Für die Verkrustung von Wunden

---

36. In welchem Fall wird die Bildung von weißen Blutkörperchen stark gesteigert?

a) Bei einer Infektion
b) Bei starker Anstrengung
c) Bei großer Aufregung
d) Bei Übergewicht

37. Welche Rolle spielen die Thrombozyten?

a) Sie geben dem Blut die rote Farbe.
b) Sie binden den Sauerstoff.
c) Sie bauen das Kohlendioxid ab.
d) Sie leiten die Blutgerinnung ein.

38. Wie heißen die Adern, in denen das Blut vom Herzen wegfließt?

a) Arterien
b) Venen
c) Vakuolen
d) Haargefäße

39. Welche Beschreibung trifft auf die Kapillaren zu?

a) Starkwandige Blutgefäße, die vom Herzen wegführen
b) Starkwandige Blutgefäße, die zum Herzen hinführen
c) Dünnwandige Blutgefäße, in denen das Blut vom Herzen zur Lunge fließt
d) Haarfeine Blutgefäße, durch deren Wände hindurch der Stoffaustausch erfolgt

40. Wie ist das arterielle Blut des Körperkreislaufs richtig beschrieben?

a) Sauerstoffreich, blaurot
b) Kohlendioxidreich, blaurot
c) Sauerstoffreich, hellrot
d) Sauerstoffarm, hellrot

41. Wie oft schlägt das Herz in der Minute etwa?

a) 20 – 40-mal
b) 40 – 60-mal
c) 60 – 80-mal
d) 80 – 100-mal

42. In welcher Weise kann das Rauchen (Nikotin) die Durchblutung beeinflussen?

a) Es verstärkt die Durchblutung.
b) Es fördert die Herztätigkeit.
c) Es wirkt verengend auf die Kapillaren.
d) Es verhindert die Hautalterung.

43. Kreuzen Sie an, was <u>nicht</u> zur Durchblutungsförderung geeignet ist.

a) Schminken des Gesichts
b) Fachgerechte Massage
c) Dampfhehandlungen
d) Einmassieren eines Kopfwassers

Wirk- und Reglerstoffe

44. Wie werden Enzyme, Vitamine und Hormone zusammenfassend genannt?

a) Fermente
b) Spurenelemente
c) Nährstoffe
d) Biokatalysatoren

45. Wie erhält unser Körper die nötigen Vitamine?

a) Sie müssen in Form von Tabletten aufgenommen werden.
b) Sie müssen in Kosmetika enthalten sein und von der Haut aufgenommen werden.
c) Sie werden bei gesunder Ernährung mit der Nahrung aufgenommen.
d) Der Körper baut alle Vitamine aus den Provitaminen selber auf.

46. Welches Vitamin kann in Kosmetika das Ranzigwerden der Fette verzögern?

a) Vitamin A
b) Vitamin C
c) Vitamin E
d) Vitamin F

---

47. Kreuzen Sie die auf Vitamine als Kosmetikwirkstoffe zutreffende Aussage an.

a) Vitamine werden aus allen Kosmetika gut von der Haut aufgenommen
b) Die Wirksamkeit von Vitaminen in Kosmetika sollte nicht zu hoch eingeschätzt werden.
c) Vitamine sind in jedem Fall sehr wirksam, egal wie sie aufbereitet sind.
d) Die Trägersubstanz (z. B. Emulsionstyp) spielt für die kosmetische Wirkung der Vitamine keine Rolle.

---

48. Welche Bedeutung haben Enzyme im menschlichen Organismus?

a) Sie sind zur Verdauung der Nährstoffe nötig.
b) Sie zerlegen die Kohlenhydrate in Aminosäuren.
c) Sie liefern dem Körper die notwendige Energie.
d) Sie zerlegen die Eiweißstoffe in Fettsäuren und Glycerin.

---

49. Wie heißen die eiweißspaltenden Enzyme?

a) Katalasen
b) Proteasen
c) Ureasen
d) Ligasen

---

50. Wie werden die weiblichen Geschlechtshormone genannt?

a) Androgene
b) Gestagene
c) Östrogene
d) Collagene

---

51. Welche Aussage trifft auf die Androgene zu?

a) Sie werden nur von den männlichen Keimdrüsen gebildet.
b) Sie sind für die Ausbildung der weiblichen Geschlechtsmerkmale verantwortlich.
c) Sie sind für die Ausbildung der männlichen Geschlechtsmerkmale zuständig.
d) Sie entstehen nur in den weiblichen Keimdrüsen.

---

52. Warum sind Hormone in freiverkäuflichen Kosmetika <u>nicht</u> erlaubt?

a) Es wäre Betrug, weil sie wirkungslos sind.
b) Sie können bei unkontrollierter Anwendung unerwünschte Nebenwirkungen haben.
c) Sie fördern die Entstehung von Hautkrebs.
d) Sie sind zu knapp und zu wertvoll für Kosmetika.

Punkte	0 – 15	16 – 25	26 – 34	35 – 41	42 – 47	48 – 52
Note	6	5	4	3	2	1

Chemische Grundlagen

Einführung in die Fachchemie

1. Was ist ein Grund dafür, dass Friseure über Grundkenntnisse in Chemie verfügen sollten?

a) Sie müssen Kosmetikpräparate herstellen können.
b) Sie müssen genau wissen, was in einem Mittel alles drin ist.
c) Sie müssen die Wirkung jedes einzelnen Bestandteils verstehen.
d) Sie müssen Präparate richtig auswählen, zubereiten und anwenden und Kunden beraten können.

2. Welche Erklärung für chemische Vorgänge ist richtig?

a) Bei chemischen Vorgängen ändert sich nur die Farbe der Stoffe.
b) Bei chemischen Vorgängen werden die Stoffe weniger.
c) Bei chemischen Vorgängen entstehen neue Stoffe mit anderen Eigenschaften.
d) Bei chemischen Vorgängen ändert sich nur die Form, aber die Stoffe selber bleiben unverändert.

3. Was ist ein Beispiel für einen chemischen Vorgang?

a) Fixieren der Dauerwelle
b) Schmelzen von Eis
c) Verdampfen des Wassers
d) Trocknen der Haare

4. Was ist ein physikalischer Vorgang?

a) Verbrennen von Öl
b) Ranzigwerden von Fett
c) Verdauen der Nahrung
d) Trocknen der Haare

5. Was sind die kleinsten, chemisch nicht mehr teilbaren Teilchen eines Elements?

a) Moleküle
b) Atome
c) Elektronen
d) Protonen

6. Wie nennt man Stoffteilchen, die aus zwei oder mehr Atomen bestehen?

a) Nukleonen
b) Moleküle
c) Elektronen
d) Protonen

7. Wann entsteht eine Mischung?

a) Wenn sich zwei Stoffe zu einem neuen Stoff verbinden.
b) Wenn sich mehr als zwei Stoffe zu einem neuen Stoff verbinden.
c) Wenn sich mehrere Stoffe miteinander vermischen, selber aber unverändert bleiben.
d) Wenn ein fester Stoff schmilzt.

8. In welchem Fall entsteht eine chemische Verbindung?

a) Wenn man Eisen und Schwefel miteinander vermischt.
b) Wenn man Sauerstoff- und Wasserstoffgas vermengt.
c) Wenn man ein Stück Eisen mit einer Feile zerkleinert.
d) Wenn man Sauerstoff und Wasserstoff zu Wasser reagieren lässt.

9. Wie nennt man Stoffe, die sich nicht mehr in andere Stoffe zerlegen lassen?

a) Verbindungen
b) Reinstoffe
c) Elemente
d) Emulsionen

Emulsionen

10. Welche Beschreibung trifft auf Emulsionen zu?

a) Sie bestehen nur aus einer Stoffart.
b) Sie bestehen aus fein ineinander verteilten Flüssigkeiten, die sich gegenseitig nicht lösen.
c) Sie bestehen aus Flüssigkeiten mit ungelösten Feststoffteilchen.
d) Es sind flüssige oder gallertartige Substanzen, die durchsichtig sind.

11. Welche Präparate sind fast immer Emulsionen?

a) Gesichtswässer
b) Haarwässer
c) Haarfestiger
d) Hautcremes

12. Wie nennt man klare und durchsichtige, meist flüssige Stoffgemenge, bei denen die Stoffe so fein ineinander verteilt sind, dass die einzelnen Bestandteile nicht mehr zu unterscheiden sind?

a) Suspensionen
b) Gele
c) Lösungen
d) Reinstoffe

13. Was trifft auf Ö-/W-Emulsionen zu?

a) Wasser bildet die äußere Phase.
b) Wasser bildet die innere Phase.
c) Fett/Öl bildet die geschlossene Phase.
d) Fett und Wasser sind in dieser Emulsion im genau gleichen Mengenverhältnis miteinander vermischt.

14. Wie wird eine Emulsion bezeichnet, bei der Wasser die zerteilte Phase bildet?

a) Ö/W-Typ
b) W/Ö-Typ
c) (Ö/W)/Ö-Typ
d) (W/Ö)W-Typ

15. In welchem Fall hat man es mit einer Emulsion vom W/Ö-Typ zu tun?

a) Wenn sich Wasser leicht zumischen lässt.
b) Wenn sich Wasser und Öl leicht zumischen lassen.
c) Wenn sich Öl leicht zumischen lässt.
d) Wenn die Emulsion flüssig ist.

16. Welche Bedeutung haben Emulgatoren?

a) Sie zeigen an, wie stark sauer oder alkalisch eine Emulsion ist.
b) Sie ermöglichen, dass sich Fett und Wasser fein und dauerhaft miteinander vermischen.
c) Sie beschleunigen chemische Reaktionen ohne sich selbst zu verändern.
d) Sie verhindern eine vorzeitige Abspaltung von Sauerstoff aus Wasserstoffperoxid.

17. Welche Aussage über den Emulsionstyp ist richtig?

a) W/Ö-Emulsionen entstehen immer dann, wenn mehr Wasser als Fett verwendet wird.
b) Lipoide als Emulgatoren ergeben immer Emulsionen vom Ö/W-Typ.
c) Welcher Emulsionstyp entsteht, hängt hauptsächlich von der Art des Emulgators ab.
d) W/Ö-Emulsionen lassen sich leichter mit Wasser abspülen als Ö/W-Emulsionen.

Das Wasser – wichtigstes Hilfsmittel des Friseurs

18. Wie ist die Zusammensetzung des Wassermoleküls richtig beschrieben?

a) Es besteht aus zwei Wasserstoffatomen.
b) Es besteht aus einem Wasserstoff- und zwei Sauerstoffatomen.
c) Es besteht aus zwei Wasserstoff- und zwei Sauerstoffatomen.
d) Es besteht aus zwei Wasserstoffatomen und einem Sauerstoffatom.

19. Was ist die Ursache dafür, dass eine vorsichtig auf die Wasseroberfläche gelegte Rasierklinge schwimmt?

a) Die Härte des Wassers
b) Die Oberflächenspannung des Wassers
c) Der Ampholytcharakter des Wassers
d) Das Lösungsvermögen des Wassers

20. Wassermoleküle sind Dipole. Was versteht man darunter?

a) Sie haben unterschiedlich geladene Enden
b) Sie bestehen aus zwei Atomen.
c) Sie bauen sich aus verschiedenen Elementen auf.
d) Sie haben zwei negativ geladene Pole.

21. Welche Auswirkung hat die Polarität der Wassermoleküle?

a) Die Moleküle stoßen sich gegenseitig ab.
b) Die Moleküle ziehen sich gegenseitig an.
c) Die Wassermoleküle zerfallen dadurch leicht.
d) Wasser lässt sich dadurch verhältnismäßig leicht verdampfen.

22. Welche Aussage über die Mischbarkeit von Flüssigkeiten ist richtig?

a) Polare und unpolare Stoffe lösen sich gegenseitig gut.
b) Polare Stoffe lösen sich am besten in ebenfalls polaren Stoffen.
c) Unpolare Stoffe lösen sich nur in polaren.
d) Die Polarität der Stoffe spielt für ihr Löseverhalten überhaupt keine Rolle.

23. Welche Aufgaben haben so genannte Netzmittel?

a) Sie erhöhen die Grenzflächenspannung des Wassers.
b) Sie beseitigen die Wasserhärte.
c) Sie verringern die Wasserhärte.
d) Sie setzen die Grenzflächenspannung des Wassers herab.

---

24. Welche dieser Substanzen ist ein Netzmittel?

a) Wasserstoffperoxid
b) Schwefelsäure
c) Olivenöl
d) Shampoo

---

25. Mit welchem Fachausdruck wird die Eigenschaft des wasserfreundlichen Endes eines Waschmittelteilchens bezeichnet?

a) Hydrophil
b) Hydrophob
c) Lipophil
d) Amphoter

---

26. Welche Bedeutung hat es für den Waschvorgang, dass die Schmutzteilchen von Waschmittelteilchen eingehüllt werden?

a) Man spart dadurch Waschmittel.
b) Es bilden sich große Schmutzklumpen.
c) Schmutz wird dadurch in Schaum umgewandelt.
d) Schmutzteilchen werden in der Schwebe gehalten und können so leicht abgespült werden.

---

27. Woraus ergibt sich die Härte des Wassers?

a) Aus dem Sauerstoffgehalt
b) Aus dem Gehalt an Kohlendioxid
c) Aus dem Anteil an zugesetztem Chlor
d) Aus dem Gehalt an Mineralien (Kalk)

---

28. Was sind die wichtigsten Härtebildner des Wassers?

a) Sauerstoff- und Wasserstoffionen
b) Chlorid- und Fluoridionen
c) Kohlendioxid und Schwefeldioxid
d) Calcium- und Magnesiumsalze

---

29. Die Wasserhärte wird häufig noch in deutschen Härtegraden (° dH) angegeben. Was bedeutet es z. B., wenn bei einem Wasser 10° dH gemessen wird?

a) Es enthält 10 g Magnesium je Liter.
b) Es enthält 10 g Calcium je Liter.
c) Es enthält 10 g Calciumoxid je 10 Liter.
d) Sein Gehalt an Mineralien entspricht 10 g Calciumoxid je 100 Liter.

---

30. Welchem Härtebereich ordnet man Wasser zu, das eine Härte von 10° dH (bzw. ca. 1,8 Millimol je Liter) aufweist?

a) Sehr weich
b) Weich
c) Mittelhart
d) Hart

31. Wodurch kommt es zur Kalkseifenbildung?

a) Durch Verbindung der Sulfate mit den Carbonaten
b) Durch Verbindung der Seifenteilchen mit den Wassermolekülen
c) Durch Verbindung der Härtebildner mit den Seifenteilchen
d) Durch Erhitzen von kalkhaltigem Wasser

32. Eine Wasserenthärtung ist mit Chemikalien möglich, die die Härtebildner binden und dadurch unwirksam machen. Welche Chemikalie ist dazu geeignet?

a) Kochsalz
b) Salmiakgeist
c) Salzsäure
d) Polyphosphat

33. Womit lässt sich die Wasserhärte auf einfache Weise feststellen?

a) Durch Abschmecken des Wassers
b) Mit Lackmuspapier
c) Mit speziellen Teststreifen
d) Durch Zugabe von Alkohol

34. Sauberes Wasser ist kostbar. Was trägt dazu bei, unnötige Wasserverschmutzung zu vermeiden?

a) Präparatreste mit möglichst viel Wasser wegspülen.
b) Shampoo nicht mit Wasser verdünnen.
c) Keine zu großen Präparatmengen zubereiten, damit keine Präparate ungenutzt weggeschüttet werden müssen.
d) Waschmaschine nicht ganz voll machen, damit sich der Schmutz im Abwasser nicht so stark konzentriert.

Oxidation und Reduktion

35. Auf welches Element weist der Begriff „Oxidation“ hin?

a) Auf Schwefel
b) Auf Eisen
c) Auf Wasserstoff
d) Auf Sauerstoff

36. Was versteht man im einfachsten Fall unter Oxidation?

a) Die Verbindung eines Stoffes mit Wasserstoff
b) Die Abspaltung von Sauerstoff aus einer Verbindung
c) Die Verbindung eines Stoffes mit Sauerstoff
d) Die Abspaltung von Sauerstoff aus Wasserstoffperoxid

37. Welche dieser Verbindungen ist ein Oxid?

a) CH_4
b) CO_2
c) H_2S
d) NaCl

38. Wie lässt sich die Eigenschaft der in der Friseurpraxis gebräuchlichen Oxidationsmittel am einfachsten beschreiben?

a) Sie geben Wasserstoff ab.
b) Sie geben Sauerstoff ab.
c) Sie entziehen dem Haar Sauerstoff.
d) Sie verbinden sich mit dem Sauerstoff der Luft zu Farbe.

39. Welches dieser Präparate wirkt oxidierend?

a) Haarfestiger
b) Wellmittel
c) Haarkur
d) Wasserstoffperoxid

---

40. Bei welcher dieser Facharbeiten ist der wichtigste Vorgang eine Oxidation?

a) Beim Blondieren
b) Beim Tönen
c) Beim Haarewaschen
d) Beim Maniküren

---

41. Welcher dieser Begriffe bezeichnet die Abgabe von Sauerstoff?

a) Oxidation
b) Titration
c) Dissoziation
d) Reduktion

---

42. Welche Eigenschaften haben die Reduktionsmittel?

a) Sie geben Sauerstoff und Wasserstoff ab.
b) Sie entziehen anderen Stoffen Wasserstoff und Sauerstoff.
c) Sie geben an andere Stoffe Sauerstoff ab.
d) Sie entziehen anderen Stoffen Sauerstoff.

---

43. Welches dieser Präparate enthält als wichtigen Bestandteil ein Reduktionsmittel?

a) Dauerwellmittel
b) Dauerwellfixierung
c) Haarfärbemittel
d) Haarwaschmittel

---

44. Welche dieser Substanzen hat reduzierende Eigenschaft?

a) Wasserstoffperoxid
b) Natriumbromat
c) Wasser
d) Thioglykolsäure

---

45. Welche Formel hat Wasserstoffperoxid?

a) H_2
b) H_2O
c) H_2O_2
d) HO_2

---

46. Welche wichtige Eigenschaft hat Wasserstoffperoxid?

a) Es wirkt reduzierend.
b) Es reagiert alkalisch.
c) Es quillt die Haare stark auf.
d) Es wirkt oxidierend.

---

47. In welche Stoffe kann Wasserstoffperoxid unter Einwirkung von Licht, Wärme oder Katalysatoren zerfallen?

a) In Wasserstoff und Sauerstoff
b) In Wasser und Wasserstoff
c) In Wasser und Sauerstoff
d) In Wasser und Kohlendioxid

---

48. Warum sind die Wasserstoffperoxidpräparate des Friseurs stabilisiert?

a) Damit sie ihre feste Form behalten.
b) Damit sie sich in der Farbe nicht verändern.
c) Damit sich ihr pH-Wert nicht verändert.
d) Damit sie ihre Wirkung nicht verlieren und lagerfähig sind.

49. Welche Stoffe können Wasserstoffperoxidlösungen als Stabilisatoren zugesetzt sein?

a) Basen
b) Säuren
c) Wasser
d) Ammoniak

50. Welches Präparat enthält als Oxidationsmittel meist Wasserstoffperoxid?

a) Wellmittel
b) Fixiermittel
c) Waschmittel
d) Tönungsmittel

51. Was könnte sich bei der Lagerung von Wasserstoffperoxid ungünstig auswirken?

a) Aufbewahrung in dunklen Flaschen
b) Lagerung in kühlen Räumen
c) Lagerung in stark geheizten Räumen
d) Aufbewahrung in Kunststoffflaschen

Basen (Laugen) und Säuren beeinflussen Haare und Haut

52. Wann haben wir es mit einer Base zu tun?

a) Wenn sich rotes Lackmuspapier blau färbt.
b) Wenn sich rotes Lackmuspapier nicht verfärbt.
c) Wenn sich blaues Lackmuspapier rot färbt
d) Wenn sich weder blaues noch rotes Lackmuspapier verfärbt.

53. Wie reagiert eine wässrige Lösung, die weder blaues noch rotes Lackmuspapier verfärbt?

a) Neutral
b) Schwach alkalisch
c) Schwach sauer
d) Stark sauer

54. Wie wirken schwache Basen auf Haare und Haut?

a) Sie beeinflussen Haare und Haut überhaupt nicht.
b) Sie zerstören die Haare und ätzen die Haut.
c) Sie entquellen die Haare und erweichen die Haut.
d) Sie quellen und erweichen Haare und Haut.

55. Welche dieser Präparate reagieren im allgemeinen alkalisch?

a) Färbe- und Blondiermittel
b) Dauerwellfixierungen
c) Haarkurmittel
d) Gesichts- und Rasierwässer

56. Wie wirken Friseurpräparate, die die Haare für Wirkstoffe aufnahmefähig machen sollen?

a) Leicht sauer
b) Stark sauer
c) Neutral
d) Schwach alkalisch

57. Welche Teilchen sind für die alkalische Reaktion verantwortlich?

a) Wasserstoffionen
b) Sauerstoffionen
c) Hydroxidionen
d) Hydroperoxidionen

58. Was ist das in Friseurpräparaten häufigste Alkalisierungsmittel?

a) Kalilauge
b) Ammoniak
c) Natronlauge
d) Kalkwasser

---

59. Wie wirken schwach saure Präparate auf Haare und Haut?

a) Adstringierend
b) Quellend
c) Ätzend
d) Oxidierend

---

60. Welches dieser Mittel reagiert im Allgemeinen sauer?

a) Blondiermittel
b) Fixiermittel
c) Haarfärbemittel
d) Nagelhautentferner

---

61. Welche Teilchen verursachen die saure Wirkung?

a) Die Wasserstoffionen (Protonen)
b) Die Sauerstoffionen
c) Die Hydroxidionen
d) Die Natriumionen

---

62. Welche dieser Säuren ist als schwache Säure häufig in Kosmetika enthalten?

a) Schwefelsäure
b) Salpetersäure
c) Salzsäure
d) Citronensäure

---

63. Was kann mit dem pH-Wert angegeben werden?

a) Die Dichte von Stoffen
b) Die Konzentration einer alkoholischen Lösung
c) Die Löslichkeit eines Salzes
d) Die Stärke einer Säure oder Lauge

---

64. Woraus ergibt sich der pH-Wert einer Lösung?

a) Aus dem Wasseranteil
b) Aus der Wasserstoffionenkonzentration
c) Aus dem Gehalt an Säurerestionen
d) Aus dem Gehalt an Laugenrestionen

---

65. Bei welchem pH-Wert ist eine Lösung neutral?

a) Bei pH 1
b) Bei pH 3
c) Bei pH 7
d) Bei pH 9

---

66. Wie reagiert eine Lösung mit dem pH-Wert 6?

a) Stark sauer
b) Schwach sauer
c) Neutral
d) Schwach alkalisch

---

67. Welche Aussage über die pH-Wert-Skala ist richtig?

a) Lösungen mit dem pH-Wert 0 sind neutral.
b) Von pH 0 bis pH 14 nimmt die Säurestärke zu.
c) Von pH 7 bis pH 14 nimmt die Basenstärke zu.
d) Von pH 7 bis pH 14 nimmt die Säurestärke zu.

---

68. Womit kann der pH-Wert gemessen werden?

a) Mit blauem Lackmuspapier
b) Mit rotem Lackmuspapier
c) Mit Bleiacetatpapier
d) Mit Universalindikatorpapier

69. Welche pH-Werte haben Friseurpräparate, die zum Abschluss einer Haarbehandlung angewandt werden?

a) pH 0 – 2
b) pH 3 – 7
c) pH 7 – 9
d) pH 9 – 11

70. In welchem Bereich liegen die pH-Werte der meisten Friseurpräparate (haut- und haarkosmetischer Bereich)?

a) Zwischen pH 0 und pH 7
b) Zwischen pH 4 und pH 7
c) Zwischen pH 7 und pH 14
d) Zwischen pH 2 und pH 10

71. Welchen pH-Wert hat die Hautoberfläche etwa?

a) pH 4 – 5
b) pH 5 – 6
c) pH 6 – 7
d) pH 7 – 8

72. Wie nennt man den Vorgang, bei dem sich Säuren und Basen in ihrer Wirkung gegenseitig aufheben?

a) Oxidation
b) Reduktion
c) Neutralisation
d) Dissoziation

73. Wann kommt es zu einer Neutralisation?

a) Wenn sich Wasserstoff und Sauerstoff zu Wasser verbinden.
b) Immer, wenn sich ein Stoff mit Sauerstoff verbindet.
c) Wenn ein Nichtmetalloxid mit Wasser reagiert
d) Wenn eine Säure mit einer Base reagiert.

74. Worin besteht der eigentliche Neutralisationsvorgang?

a) In der Verbindung der OH^-- mit den H^+-Ionen zu Wasser
b) In der Reaktion eines Alkalimetalls mit Wasser
c) In der Abspaltung von H+-Ionen aus Säuremolekülen
d) In der Abspaltung von Elektronen aus einem Reduktionsmittel

75. Woraus können bei einer Neutralisation Salze entstehen?

a) Aus Säurerest- und Hydroxidionen
b) Aus Säurerest- und Basenrestionen
c) Aus Wasserstoff- und Hydroxidionen
d) Aus Hydroxid- und Laugenrestionen

76. Warum muss nach der Anwendung eines alkalischen Mittels mit einem sauren nachbehandelt werden?

a) Weil sonst das alkalische Mittel nicht wirken kann.
b) Um die Wirkung der Basen zu verstärken.
c) Um ein Salz zu erhalten.
d) Um die Basenreste zu neutralisieren und Haut und Haar zu adstringieren.

77. Wie nennt man Stoffe, die dafür sorgen, dass der pH-Wert eines Präparats sich möglichst wenig ändert?

a) Katalysatoren
b) Oxidationsmittel
c) Reduktionsmittel
d) Pufferstoffe

Kosmetisch wichtige Stoffgruppen

78. Woraus bestehen die Moleküle der Alkohole?

a) Nur aus Kohlenstoff und Wasserstoff
b) Nur aus Kohlenstoff- und Sauerstoffatomen
c) Aus einem Säure- und einem Basenrest
d) Aus einer Kohlenwasserstoffgruppe und einer oder mehreren Hydroxylgruppen

79. Wie heißt der Alkohol mit der Formel C_2H_5OH?

a) Methanol
b) Ethanol
c) Isopropanol
d) Propantrlol

80. Was bedeutet die Wertigkeit bei einem Alkohol?

a) Die Zahl der H-Atome im Molekül
b) Die Zahl der C-Atome im Molekül
c) Die Zahl der OH-Gruppen im Molekül
d) Den Preis je Liter in €

81. Welche dieser Eigenschaften haben Ethanol und Isopropanol <u>nicht</u>?

a) Fettlösend
b) Kühlend
c) Desinfizierend
d) Neutralisierend

82. Von welcher dieser Präparatgruppen ist Alkohol <u>kein</u> typischer Bestandteil?

a) Gesichtswässer
b) Wasserstoffperoxidlösungen
c) Haarwässer
d) Rasierwässer

83. Welcher Alkohol ist in den alkoholischen Getränken enthalten?

a) Methanol
b) Ethanol
c) Ethandiol
d) Propantriol

84. Welche Aussage über Ethanol und Isopropanol ist richtig?

a) Ethanol hat ein besseres Fettlösevermögen als Isopropanol.
b) Ethanol ist teurer als Isopropanol.
c) Isopropanol riecht angenehmer als Ethanol.
d) Ethanol hat eine bessere Desinfektionswirkung als Isopropanol.

85. Wie lautet der systematische Name für Glycerin?

a) Ethandiol
b) Propandiol
c) Propantriol
d) Butandiol

86. Welche kosmetisch wichtige Eigenschaft haben die mehrwertigen Alkohole wie z. B. Glycerin?

a) Fettlösend
b) Desinfizierend
c) Hygroskopisch
d) Neutralisierend

87. Wozu werden die mehrwertigen Alkohole in Kosmetika hauptsächlich verwendet?

a) Als Feuchthaltemittel
b) Als Neutralisationsmittel
c) Als Reduktionsmittel
d) Als Alkalisierungsmittel

88. Welche Aussage trifft auf die so genannten Fett- und Wachsalkohole zu?

a) Sie sind gut wasserlöslich.
b) Sie sind fett- bzw. wachsartig.
c) Sie sind dünnflüssig.
d) Sie wirken stark berauschend.

---

89. Welcher dieser Stoffe ist ein Wachsalkohol, der als Emulgator und Cremegrundstoff dient?

a) Propylenglykol
b) Glycerin
c) Cetylalkohol
d) Ethylalkohol

---

90. Welche Fettarten bezeichnet man als „echte" Fette?

a) Nur die tierischen Fette
b) Nur die pflanzlichen Fette
c) Nur die Mineralfette
d) Die tierischen und die pflanzlichen Fette zusammen

---

91. Was ist keine Aufgabe der in Kosmetika enthaltenen Fettstoffe?

a) Schädigungen der Haut durch Chemikalien zu mildern
b) Haut und Haar vor Witterungseinflüssen zu schützen
c) Verloren gegangenes Hautfett zu ersetzen
d) Alkalireste zu neutralisieren

---

92. Woraus sind die echten Fette aufgebaut?

a) Aus Kohlensäure und Glykol
b) Aus Fettsäuren und Glycerin
c) Aus Schwefelsäure und Methanol
d) Aus Salzsäure und Sorbit

---

93. Welche Aussage trifft auf pflanzliche Fette zu?

a) Sie sind überwiegend flüssig.
b) Sie sind alle fest.
c) Sie enthalten nur gesättigte Fettsäuren.
d) Sie werden nicht ranzig.

---

94. Welche Aussage über die Eigenschaften der fettähnlichen Stoffe ist falsch?

a) Sie dienen als Emulgatoren.
b) Sie verbessern die Kämmbarkeit der Haare.
c) Sie regulieren den Wasserhaushalt der Haut.
d) Sie werden leichter ranzig als die echten Fette.

---

95. Wie heißt der aus dem Wollfett der Schafe gewonnene und oft in Haar- und Hautpflegemitteln enthaltene Fettstoff?

a) Lanolin
b) Cholesterin
c) Lecithin
d) Carnaubawachs

---

96. Woraus bauen sich die Eiweißstoffe auf?

a) Aus Säuren und Alkoholen
b) Aus mehreren Aminosäuren
c) Aus Kohlenwasserstoff- und Hydroxylgruppen
d) Aus Aminogruppen und Basen

---

97. Wie nennt man eine Verbindung aus zwei Aminosäuremolekülen?

a) Diethanol
b) Dioxan
c) Dipeptid
d) Dioxin

98. Wie werden Eiweißstoffe genannt, deren Moleküle sich aus vielen Aminosäuremolekülen zusammensetzen?

a) Dipeptide
b) Proteine
c) Hydroxide
d) Diamine

---

99. Welche dieser Substanzen ist kein Eiweißstoff?

a) Kollagen
b) Elastin
c) Keratin
d) Vaseline

---

100. Was sollen Proteine in Haarbehandlungsmitteln bewirken?

a) Adstringieren der Haare nach alkalischen Behandlungen
b) Mildern von Strukturschäden der Haare
c) Förderung des Haarwuchses bei starker Lichtung des Haares
d) Verhindern des Nachfettens der Haare bei Seborrhö

---

101. Was können Eiweißstoffe wie Kollagen und Elastin in Hautpflegemitteln bewirken?

a) Neutralisation der Haut nach einer Seifenwäsche
b) Beseitigung ausgeprägter Gesichtsfalten
c) Verhinderung der Hautalterung
d) Pflegen und Glätten der Haut

---

102. Warum sind die dem Elastin und Kollagen nachgesagten günstigen kosmetischen Wirkungen umstritten?

a) Weil diese Wirkstoffe nicht in ausreichender Konzentration in Kosmetika eingearbeitet werden können.
b) Weil diese Stoffe nicht in der Lage sind, Wasser zu binden.
c) Weil diese Stoffe vermutlich nicht in ausreichendem Maß in die Lederhaut gelangen können.
d) Weil diese Stoffe aus dem kosmetischen Präparat überhaupt nicht auf die Haut kommen.

Punkte	0 – 30	31 – 50	51 – 67	68 – 81	82 – 92	93 – 102
Note	6	5	4	3	2	1

Bau und Leben von Haar und Kopfhaut

Das Haar als Anhanggebilde der Haut

1. Welche Bedeutung hat das Kopfhaar heute für uns vor allem?

a) Es soll natürlicher Schmuck sein.
b) Es muss die Kopfhaut vor Sonnenbestrahlung schützen.
c) Es muss den Schweiß von der Kopfhaut aufsaugen.
d) Wir benötigen es zur Wahrnehmung von Tastempfindungen.

2. Welche Haare zählen zu den Langhaaren?

a) Die Augenbrauen
b) Die Wimpern
c) Die Ohren- und Nasenhaare
d) Die Kopf- und Barthaare

3. Welcher Fachausdruck bezeichnet die endgültige Behaarung des Erwachsenen?

a) Lanugohaare
b) Primärbehaarung
c) Terminalbehaarung
d) Sekundärbehaarung

4. In welche Abschnitte wird der Haarschaft unterteilt?

a) Haarwurzel, Haaransatz
b) Ansatz, Länge, Spitze
c) Haaransatz, Mittelteil
d) Haarzwiebel, Haarlänge, Spitze

5. Wie heißt der in der Haut befindliche Teil des Haares?

a) Haarpapille
b) Haaransatz
c) Wurzelscheide
d) Haarwurzel

6. Zu welchem Haarabschnitt zählt die Haarzwiebel?

a) Zum Haaransatz
b) Zur Haarwurzel
c) Zur Haarpapille
d) Zum Haarschaft

7. Wie heißt die aus den Wurzelscheiden und dem Haarbalg bestehende Haaranlage?

a) Haarmatrix
b) Haarfollikel
c) Haarwurzel
d) Haarpapille

8. Welcher Bestandteil des Haarfollikels entspricht der Keimzone der Oberhaut?

a) Die innere Wurzelscheide
b) Die äußere Wurzelscheide
c) Der Haarbalg
d) Der Haarbalgmuskel

9. Was ist <u>kein</u> Bestandteil bzw. Anhanggebilde des Haarfollikels?

a) Haarpapille
b) Haarbalg
c) Schweißdrüse
d) Talgdrüse

10. Wo finden die für das Haarwachstum verantwortlichen Zellteilungsvorgänge statt?

a) In der äußeren Wurzelscheide
b) Im Haarbalg
c) In der Matrix
d) In den Talgdrüsen

11. Aus welcher Zellenart bauen sich die Wurzelscheiden des Haarfollikels auf?

a) Aus Bindegewebszellen
b) Aus Deckzellen
c) Aus Muskelzellen
d) Aus Nervenzellen

12. Welche Funktion haben die Keratinozyten der Haarmatrix?

a) Sie bilden den Farbstoff der Haare.
b) Sie bilden die verhornenden Eiweißzellen, aus denen sich das Haar aufbaut.
c) Sie erzeugen den Hauttalg.
d) Sie vermitteln Berührungsreize.

13. Wie viel wächst das Haar durchschnittlich in einem Monat?

a) 10 mm
b) 20 mm
c) 30 mm
d) 40 mm

14. Oft wird behauptet, dass die Haare durch häufiges Schneiden oder Rasieren schneller wachsen. Welche Aussage dazu ist die richtige?

a) Das stimmt.
b) Das stimmt nicht.
c) Das trifft nur bei Kindern zu.
d) Es trifft nur bei Erwachsenen zu.

15. Wie heißt der mit C bezeichnete Teil des Haarfollikels?

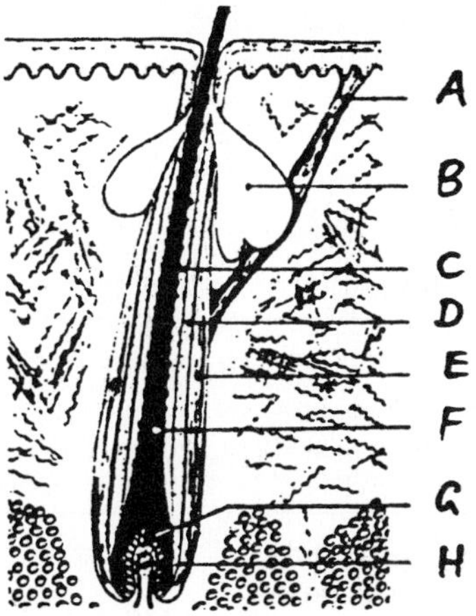

a) Haarbalg
b) Äußere Wurzelscheide
c) Haarpapille
d) Innere Wurzelscheide

16. Mit welchem Buchstaben ist bei 15. die Talgdrüse bezeichnet?

a) A
b) B
c) D
d) F

17. Mit welchem Buchstaben ist bei 15. die Matrix des Haares bezeichnet?

a) B
b) D
c) G
d) H

18. Was spielt als Ursache für die natürliche Wellung oder Krausung von Haaren <u>keine</u> Rolle?

a) Krümmung des Haarfollikels
b) Fehlen von Melanozyten
c) Einseitig verstärktes Wachstum in der Matrix
d) Unterschiedliche Keratinstrukturen in der Innen- und Außenseite der Haarkrümmung

19. Welche Zellen bilden den Farbstoff des Haares?

a) Keratinozyten
b) Leukozyten
c) Melanozyten
d) Thrombozyten

20. Wie heißt der von den farbstoffbildenden Zellen der Haarmatrix erzeugte Farbstoff?

a) Sebum
b) Melanin
c) Keratin
d) Erepsin

21. Welcher Pigmenttyp wird als Eumelanin bezeichnet?

a) Der dunkle
b) Der gelbrote
c) Der gelbgrüne
d) Der silbergraue

22. Was ist für die Farbtiefe (Blond bis Schwarz) ausschlaggebend?

a) Allein das Mischungsverhältnis der verschiedenen Pigmentarten
b) Hauptsächlich die Menge der Pigmente, besonders der dunklen
c) Allein die Menge der Phäomelanine
d) Die Dicke des Haares

23. Wodurch kommt es zum Weißwerden („Ergrauen") der Haare?

a) Die Melanozyten werden weniger und produzieren dadurch weniger Melanin.
b) Die Keratinozyten sterben ab.
c) Durch Erschrecken
d) Durch mangelhafte Haarpflege

24. Wie alt und wie lang werden Haare durchschnittlich?

a) 6 Monate, 20 – 30 cm
b) 1 Jahr, 30 – 40 cm
c) 2 Jahre, 40 – 50 cm
d) 5 Jahre, 60 – 80 cm

25. Was versteht man unter Haarwechsel?

a) Einen starken Haarausfall am Wirbel
b) Die Entstehung der„Geheimratsecken"
c) Die fortwährend stattfindende Erneuerung des Kopfhaares
d) Die Anschaffung eines neuen Toupets

26. Wie viel Prozent der Haare befinden sich normalerweise in der Wachstumsphase?

a) 1 %
b) 14 %
c) 65 %
d) 85 %

27. Wie nennt man die Haare, die sich in der Wachstumsphase befinden?

a) Kolbenhaare
b) Beethaare
c) Papillarhaare
d) Terminalhaare

28. In welchem Stadium befinden sich die Kolbenhaare?

a) In der Wachstumsphase
b) In der Übergangsphase
c) In der Wachstums- und Übergangsphase
d) In der Ruhephase

29. Welcher Haarzyklus-Abschnitt wird Telogenphase genannt?

a) Die Wachstumsphase
b) Die Übergangsphase
c) Die Ruhephase
d) Die Wachstums- und Übergangsphase

Der Aufbau des Haares

30. Aus welchen Elementen setzt sich das Haarkeratin zusammen?

a) Schwefel, Sauerstoff, Kohlenstoff, Wasserstoff, Phosphor
b) Sauerstoff, Stickstoff, Schwefel, Kohlenstoff, Wasserstoff
c) Kohlenstoff, Sauerstoff, Stickstoff, Wasserstoff, Chlor
d) Wasserstoff, Calcium, Stickstoff, Chlor, Fluor

31. Bei welchem Durchmesser spricht man von normaler Haarstärke?

a) Bei ca. 0,04 mm
b) Bei ca. 0,06 mm
c) Bei ca. 0,08 mm
d) Bei ca. 0,10 mm

32. Welche Querschnittsform hat so genanntes Bandhaar?

a) Rund
b) Oval
c) Unregelmäßig
d) Nierenförmig

33. Wie heißt die mit B bezeichnete Schicht des Haares?

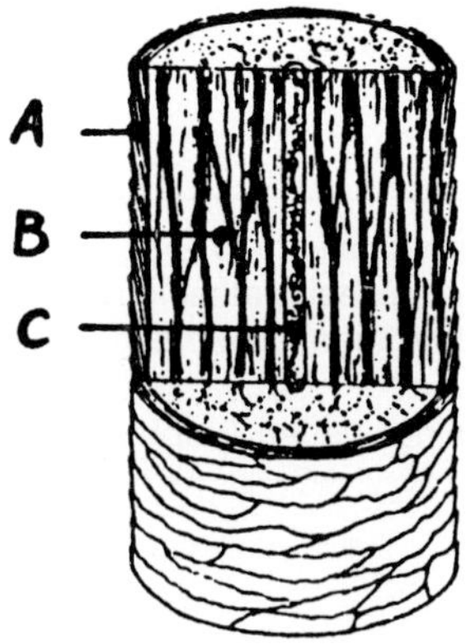

a) Schuppenschicht
b) Faserschicht (Faserstamm)
c) Hornschicht
d) Markschicht

34. Wie heißt die bei 33. mit A bezeichnete Schicht?

a) Schuppenschicht
b) Faserschicht
c) Hornschicht
d) Körnerschicht

35. Wie lautet der lateinische Name der Schuppenschicht?

a) Subcutis
b) Cortex
c) Medulla
d) Cuticula

---

36. Welche Aussage trifft auf die Schuppenschicht <u>nicht</u> zu?

a) Sie besteht aus flachen, übereinandergreifenden Zellen.
b) Ihre Zellen sind durch eine Kittsubstanz miteinander verbunden.
c) In den Schuppen der Schuppenschicht befindet sich der ganze Farbstoff des Haares.
d) Vom Zustand der Schuppenschicht hängt es ab, ob das Haar glänzt oder stumpf aussieht.

---

37. Was bedeutet der Begriff „Cortex" beim Haar?

a) Schuppenschicht
b) Wachstumszone
c) Mark
d) Faserstamm

---

38. Wie werden die feinsten Keratinfasern des Faserstamms genannt?

a) Keratinozyten
b) Fibrillen
c) Fadenzellen
d) Spindelzellen

---

39. Welche Eigenschaft des Haares ist auf den fasrigen Aufbau des Cortex zurückzuführen?

a) Der natürliche Glanz des gesunden Haares
b) Das glanzlose Aussehen des strapazierten Haares
c) Die Reißfestigkeit und Elastizität
d) Die Anfärbbarkeit mit Tönungsmitteln

---

40. Was trifft auf den Cortex <u>nicht</u> zu?

a) Er besteht aus feinen Keratinfasern, die gebündelt und untereinander verkittet sind.
b) In ihm spielen sich die wesentlichen Vorgänge beim Dauerwellen ab.
c) Er stellt die wichtigste Schicht des Haares dar.
d) Er wird durch die Cuticula vor chemischen Mitteln vollständig geschützt.

---

41. Mit welcher Aussage über das Mark des Haares sind Sie einverstanden?

a) Wellmittel dringen durch den Markkanal in das Haar ein.
b) Der Markkanal ist gleichmäßig mit kugeligen Zellen gefüllt.
c) Der Markkanal ist eine völlig leere Röhre im Haarinnern.
d) Das Mark ist eine uneinheitliche, schwammige Masse.

---

42. Wo sind die Namen <u>falsch</u> zugeordnet?

a) Mark – Medulla
b) Schuppenschicht – Subcutis
c) Faserschicht – Cortex
d) Schuppenschicht – Cuticola

Wichtige Eigenschaften des Haares

43. Wie viel Prozent lässt sich gesundes, unbehandeltes Haar durchschnittlich dehnen?

a) 10 – 20 %
b) 30 – 40 %
c) 50 – 60 %
d) 70 – 80 %

44. Welche Behandlungen erhöhen die Dehnbarkeit des nassen Haares besonders stark?

a) Wasserwellen
b) Dauerwellen
c) Haarwäschen
d) Blondierungen

45. Welches Gewicht kann gesundes Haar normaler Dicke im Durchschnitt tragen, bevor es reißt?

a) 10 g
b) 50 g
c) 90 g
d) 150 g

46. Wodurch wird die Reißfestigkeit der Haare stark verringert?

a) Durch Haarkuren
b) Durch intensive Haarwäschen
c) Durch Tönungen
d) Durch extremes Hellerfärben

47. Warum sollten stärkere Dehnungen von heller gefärbtem oder blondiertem, nassem Haar, z. B. beim Auskämmen, vermieden werden?

a) Es könnte dadurch zu einem Haarausfall kommen.
b) Man könnte das Haar dann nicht mehr färben.
c) Es könnte zu strukturschädigenden Überdehnungen kommen.
d) Die Haare würden zu lang.

48. In welchem Fall ist die Saugfähigkeit der Haare besonders groß?

a) Wenn sie leicht dauergewellt sind.
b) Wenn sie stark heller gefärbt wurden.
c) Wenn sie getönt worden sind.
d) Nach einer Sauerspülung.

49. Warum hat die Saugfähigkeit große Bedeutung für die Haarbehandlung?

a) Sie ist Voraussetzung für die Frisierbarkeit der Haare.
b) Von der Saugfähigkeit hängt der Glanz der Haare ab.
c) Durch die Saugfähigkeit ist es möglich, Wirksubstanzen in das Haar einzuschleusen.
d) Die Saugfähigkeit verhindert, dass beim Dauerwellen Wellmittel auf die Kopfhaut abläuft.

50. Von welchen dieser Mittel werden die Haare stark gequollen?

a) Von Haarwaschmitteln
b) Von Glanzspülungen
c) Von den Haarsprays
d) Von alkalischen Wellmitteln

51. Warum müssen für sehr saugfähiges, poröses Haar spezielle (weniger konzentrierte) Wellmittel verwendet werden?

a) Damit die Behandlung billiger wird.
b) Damit die Wellung intensiver wird.
c) Damit die Kopfhaut nicht gereizt wird.
d) Damit die Haare nicht zuviel Wirkstoff aufnehmen.

52. Das Haar ist hygroskopisch. Was versteht man darunter?

a) Die Dehnbarkeit des Haares
b) Die Fähigkeit der Haare, sich nach einer Dehnung wieder zusammenzuziehen
c) Die Fähigkeit einer Haarsträhne, Flüssigkeit in den Zwischenräumen zu leiten
d) Die Fähigkeit der Haare, Feuchtigkeit sogar aus der Luft aufzunehmen

53. Wie lässt sich die Hygroskopizität der Haare verringern?

a) Durch Blondieren
b) Durch Anwenden von Haarspray
c) Durch Dauerwellen
d) Durch Tönen des Haares

54. Wie nennt man die Fähigkeit einer Haarsträhne, in den Zwischenräumen Flüssigkeiten zu leiten?

a) Alkalität
b) Elastizität
c) Kapillarität
d) Reversibilität

Anomalien und Schädigungen der Kopfhaut und des Haares

55. Was versteht man unter Seborrhö?

a) Unterfunktion der Talgdrüsen
b) Entzündung der Kopfhaut
c) Übermäßige Talgabsonderung der Talgdrüsen
d) Überfunktion der Schweißdrüsen

56. Wie nennt man die übermäßige Absonderung von zu öligem Talg?

a) Sebostase
b) Seborrhö sicca
c) Transpiration
d) Seborrhö oleosa

57. Was sind die Hauptursachen der Seborrhö?

a) Mangelhafte Pflege der Haare
b) Ungeeignete Waschmittel
c) Zu reichliche und zu fette Ernährung
d) Erbliche Veranlagung und Hormone

58. Auf welche Kopfhautanomalie lassen große, leicht zerreibbare Talgschuppen schließen?

a) Auf zu trockene Kopfhaut
b) Auf Schuppenflechte
c) Auf Seborrhö sicca
d) Auf ein allergisches Ekzem

59. Was sind Kennzeichen einer zu trockenen Kopfhaut?

a) Kleine, nicht zerreibbare Hornschüppchen
b) Große, leicht zerreibbare Talgschuppen
c) Wachsartiger Glanz der Kopfhaut
d) Glanzloses Haar, aber fettiger Ansatz

60. Wie oft soll oder darf fettiges Haar gewaschen werden?

a) Nicht mehr als einmal in der Woche.
b) Nicht mehr als zweimal in der Woche.
c) Mit Spezialshampoo so oft, wie es nötig erscheint.
d) Es muss jeden Tag mit stark entfettenden Shampoos gewaschen werden.

61. Mit welcher Aussage über Seborrhö sind Sie einverstanden?

a) Bei seborrhöischer Kopfhaut sind in jedem Fall stark entfettende Shampoos nötig.
b) Die Seborrhöe kann mit Spezialpräparaten ganz und auf Dauer beseitigt werden.
c) Gegen Seborrhö sind Haarspülungen besonders wirksam.
d) Durch regelmäßige Anwendung von Spezialpräparaten können die unangenehmen Auswirkungen der Seborrhö zumindest gemildert werden.

---

62. Was kommt als Ursache für Haarspliss nicht in Frage?

a) Zu langes Fixieren beim Dauerwellen
b) Zu langes oder zu heißes Föhnen
c) Austrocknung der Haare durch Sonne und Wind
d) In kurzen Zeitabständen wiederholte Dauerwellbehandlungen

---

63. Was ist oft schuld an sprödem, glanzlosem Haar?

a) Chemische Einwirkungen wie Dauerwellen und Färben
b) Regelmäßiges Waschen mit Spezialshampoo
c) Gelegentliche Verwendung alkoholhaltiger Haarfestiger
d) Anwendung von Tonspülungen

---

64. Was ist kein Grundsatz zur Behandlung von strukturgeschädigtem Haar?

a) Zum Waschen mild reinigende Waschmittel verwenden
b) Beim Dauerwellen stets Trockenhaube einsetzen und Einwirkzeit verlängern
c) Beim Dauerwellen spezielles Wellmittel und evtl. strukturausgleichendes Vorbehandlungsmittel anwenden
d) Haare mit pflegenden Festigern, Sprays und dgl. behandeln

---

65. Wie nennt man Haare mit einem flachen, nierenförmigen Querschnitt?

a) Spindelhaar
b) Bandhaar
c) Ringelhaar
d) Gedrehte Haare

---

66. Welche Aussage trifft auf Bandhaar zu?

a) Es hat einen runden Querschnitt.
b) Es nimmt Dauerwell-Lösung schlecht an.
c) Es lässt sich schlecht färben.
d) Es lässt sich schlechter frisieren und hält die Frisur nicht so gut.

---

67. Was sollte man beachten, damit man beim Dauerwellen von Bandhaar ein befriedigendes Ergebnis erzielt?

a) Beim Schneiden nicht ausefffilieren
b) Schwächer konzentrierte Wellmittel nehmen
c) Dünnere Wickler verwenden
d) Kein alkalisches Waschmittel benutzen

---

68. Wie lautet der Fachausdruck für verringerten Haarbestand als Folge eines Haarausfalls?

a) Seborrhö
b) Allergie
c) Sebostase
d) Alopezie

69. Kunden klagen oft über ihr zu „dünnes“ Haar. Was meinen sie damit?

a) Eine Lichtung der Haare durch geringere Haardichte
b) Kleine, begrenzte Kahlstellen
c) Eine größere Kahlstelle am Oberkopf und Wirbel
d) Das Vorhandensein so genannter „Geheimratsecken“

70. Welche Art von Haarausfall kommt bei weitem am häufigsten vor?

a) Der diffuse Haarausfall
b) Der kreisrunde Haarausfall
c) Der androgenetische Haarausfall
d) Der infektiöse Haarausfall

71. Was sind die wichtigsten Ursachen des androgenetischen Haarausfalls?

a) Ansteckende Krankheiten und Vergiftungen
b) Behandlung mit Medikamenten und Bestrahlungen
c) Erbliche Veranlagung und verstärkter Einfluss der Androgene
d) Nervenbelastungen (Sorgen, Stress)

72. Woran erkennt man den Beginn eines androgenetischen Haarausfalls?

a) Am Höherrücken des Haaransatzes an der Stirn
b) Am Entstehen kleiner, scharf begrenzter Kahlstellen an den Schläfen
c) An der Lichtung der Haare im Nacken
d) An kleinen, kreisförmigen Kahlstellen

73. Warum kommt es bei Frauen nur selten und dann auch erst im Klimakterium und nur in abgeschwächter Form zu einem der Glatzenbildung ähnlichen Haarausfall?

a) Im Körper der Frau werden keine Androgene gebildet.
b) Bei Frauen überwiegen die Östrogene.
c) Bei Frauen ist der Haarwuchs sowieso viel stärker.
d) Frauen pflegen Haare und Kopfhaut sorgfältiger.

74. Warum bekommen männliche Seborrhöiker oft auch eine Glatze?

a) Der Talg auf der Kopfhaut hemmt das Haarwachstum.
b) Durch die starke Entwicklung der Talgdrüsen sterben die Haarpapillen im Haarfollikel ab.
c) Zum Haarausfall kommt es durch das bei fettigem Haar so oft notwendige Haare waschen.
d) Seborrhö und androgenetischer Haarausfall haben ähnliche Ursachen.

75. Warum gibt es kaum wirksame haarkosmetische Mittel zur Verhinderung des androgenetischen Haarausfalls?

a) Solche Mittel wären zu teuer.
b) An der erblichen Veranlagung lässt sich nichts ändern, ohne unerwünschte Nebenwirkungen zu riskieren.
c) Die Perückenhersteller verhindern die Entwicklung von Präparaten gegen den Haarausfall.
d) Es gibt überhaupt keine Wirkstoffe, mit denen man das Haarwachstum beeinflussen könnte.

76. Was versteht man unter diffusem Haarausfall?

a) Haarausfall an scharf begrenzten, kreisförmigen Flächen
b) Verstärkter Haarausfall bei der Haarwäsche
c) Am Wirbel einsetzende allmähliche Glatzenbildung
d) Über den ganzen Kopf verteilte Lichtung des Haares

77. Was kann keine Ursache eines diffusen Haarausfalls sein?

a) Schwere, fiebrige Erkrankung
b) Behandlung mit Medikamenten gegen Krebs
c) Entbindung
d) Übergewicht

78. Wie lautet der wissenschaftliche Name für den kreisrunden Haarausfall?

a) Alopecia diffusa
b) Alopecia totalis
c) Alopecia constitutia
d) Alopecia areata

79. Außer den runden oder ovalen, scharf begrenzten Kahlstellen gibt es noch ein weiteres typisches Merkmal des kreisrunden Haarausfalls. Was ist das?

a) Leicht ausziehbare „Kommahaare" am Rand der Kahlstellen
b) Stark gerötete Haut am ganzen Kopf
c) Auffällige Schuppung der kahlen Hautstellen
d) Kahlstellen nur am Wirbel

80. Welche Aussage über den kreisrunden Haarausfall ist falsch?

a) Es kommt immer zu einer bleibenden Kahlheit.
b) Im Allgemeinen setzt der Haarwuchs später wieder ein.
c) Das nachwachsende Haar ist zunächst meist unpigmentiert.
d) Eine Behandlung mit Medikamenten oder Bestrahlungen kann erfolgreich sein.

81. Bei welcher dieser Kopfhauterkrankungen handelt es sich um eine Pilzinfektion?

a) Sycosis
b) Vitiligo
c) Psoriasis
d) Trichophytie

82. Bei welcher Art von Haarausfall ist ein Wiedereinsetzen des Haarwuchses nicht zu erwarten?

a) Beim medikamentösen Haarausfall
b) Beim androgenetischen Haarausfall
c) Beim kreisrunden Haarausfall
d) Beim Haarausfall nach einer Entbindung

Punkte	0 – 24	25 – 40	41 – 54	55 – 65	66 – 74	75 – 82
Note	6	5	4	3	2	1

Pflege von Haar und Kopfhaut

Haar- und Kopfhautreinigung

1. Was bedeutet die Abkürzung WAS?

a) Wasserarme Stoffe
b) Wasserfeste Augenschminke
c) Waschaktive Substanzen
d) Waschmittel auf Seifenbasis

2. Warum sind normale Seifen zur Haarwäsche ungeeignet?

a) Weil sie alkalisch reagieren und Kalkseife bilden.
b) Weil sie parfümiert sind und Farbstoffe enthalten.
c) Weil sie die Haare zu stark ausbleichen.
d) Weil sie nicht genügend reinigen und zu wenig schäumen

3. Mit welchem Oberbegriff werden die Stoffe zusammengefasst, die in wässriger Lösung die Grenzflächenspannung des Wassers herabsetzen?

a) Syndets
b) Tenside
c) Shampoos
d) Seifen

4. Welche Aufgabe haben Rückfettungsmittel in syndethaltigen Waschmitteln?

a) Die Reinigungswirkung zu erhöhen
b) Den Verlust an natürlichem Hautfett auszugleichen
c) Die Nachfettung bei fettiger Haut zu verzögern
d) Die Talgdrüsentätigkeit anzuregen

5. Welche Tensidart wird bevorzugt, wenn es auf gute Reinigungskraft und Hartwasserbeständigkeit ankommt?

a) Kationische Syndets
b) Anionische Syndets
c) Nichtionische Syndets
d) Amphotere Syndets

6. Für welche kosmetischen Zwecke eignen sich die anionischen Tenside besonders?

a) Zur Haut- und Haarreinigung
b) Als Fettungsmittel und Emulgatoren
c) Als Desinfektionsmittel
d) Zur Beseitigung der elektrostatischen Aufladung der Haare

7. Welche Aussage trifft auf kationische Syndets <u>nicht</u> zu?

a) Sie ziehen gut auf die Haare auf und verbessern dadurch Griff und Kämmbarkeit.
b) Sie bekämpfen durch ihre desinfizierende Eigenschaft schädliche Bakterien und Hautpilze.
c) Sie beseitigen die elektrostatische Aufladung der Haare und verbessern dadurch ihre Frisierbarkeit.
d) Sie haben eine besonders gute Wasch- und Reinigungswirkung.

8. Wie werden Tenside genannt, die zunächst nicht aus Ionen bestehen, aber sowohl anionische wie auch kationische Gruppen enthalten?

a) Katalysatoren
b) Protonen
c) Ampholyte
d) Proteine

9. Welche Tenside sind besonders milde Reinigungsmittel (z. B. für Babyshampoos), aber höher im Preis?

a) Kationische T.
b) Anionische T.
c) Seifen
d) Amphotere T.

10. Was sind die für die Reinigungswirkung wichtigsten Inhaltsstoffe eines Shampoos?

a) Syndets
b) Verdickungsmittel
c) Konservierungsmittel
d) Perlglanzmittel

11. Welcher Stoff kann in Shampoos als Verdickungsmittel dienen?

a) Formaldehyd
b) Schwefelsäure
c) Natronlauge
d) Kochsalz

12. Worin besteht ein wichtiger Unterschied zwischen einem Shampoo für trockene, poröse Haare und einem solchen für fettige Haare?

a) In der Farbe
b) In der Tensidkonzentration
c) Im Geruch
d) In der Flaschenform

13. Warum sollte man z. B. für trockene Kopfhaut kein Shampoo verwenden, das für fettige Haare gedacht ist?

a) Es ist für diesen Zweck zu teuer.
b) Es würde die Kopfhaut verätzen.
c) Es hätte keine ausreichende Reinigungswirkung.
d) Es könnte Kopfhaut und Haare zu stark entfetten.

14. Was ist für die Beurteilung von Haar und Kopfhaut vor der Haarwäsche <u>ohne</u> Bedeutung?

a) Der Glanz des Haares
b) Der Zustand der Kopfhaut
c) Der Zeitpunkt der letzten Haarwäsche
d) Der Zeitpunkt des letzten Haarschnitts

15. Welche Aufgabe kann die Haarwäsche <u>nicht</u> erfüllen?

a) Förderung der Durchblutung der Kopfhaut
b) Steigerung des Wohlbefindens der Kundschaft
c) Verbesserung der Frisierbarkeit des Haares
d) Heilung einer Seborrhö

16. Warum sollte bei der Haar- und Kopfhautbeurteilung auch die Kundschaft befragt werden?

a) Weil sie mehr von Haut und Haar versteht.
b) Weil sie selber empfindet, ob ihr Haar z. B. zu fettig oder zu trocken ist.
c) Weil nur sie weiß, was für ihr Haar gut ist.
d) Weil die Auszubildende, die das Haar wäscht, noch nicht genug weiß.

17. Für welche Fälle eignen sich Shampoos, die mild reinigend, rückfettend und strukturverbessernd wirken, besonders?

a) Nur für normales Haar
b) Für trockenes, angegriffenes Haar
c) Für leicht fettiges Haar
d) Für stark schuppige Kopfhaut

18. Welche besonderen Wirkungen sollten Spezialshampoos für fettiges Haar haben?

a) Adstringierend und strukturausgleichend
b) Juckreizmildernd und erfrischend
c) Entfettend und entzündungshemmend
d) Farbauffrischend und aufhellend

19. Welche speziellen Eigenschaften werden heute bei Antischuppenshampoos für nötig gehalten?

a) Reinigungswirkung
b) Pflegewirkung
c) Wachstum von Hautpilzen und Bakterien hemmend
d) Die Entwicklung der Hautflora fördernde Wirkung

20. Welche Aussage über die Haaransatzschwäche ist falsch?

a) Haar und Kopfhaut werden gründlicher gereinigt.
b) Durch die geringere Abwasserbelastung ist sie umweltschonender.
c) Haarlängen und Haarspitzen werden weniger beansprucht.
d) Wasser und Energie werden eingespart.

21. Warum sollten Shampoos nicht unverdünnt und nicht einfach mit den Händen auf dem Haar verteilt werden?

a) Weil auf diese Weise zu viel Shampoo verbraucht wird.
b) Weil dadurch der kreisrunde Haarausfall verursacht wird.
c) Weil dadurch der Säureschutzmantel der Kopfhaut völlig beseitigt wird.
d) Weil die Haut der Hände zu sehr entfettet wird.

22. Was ist bei der Haarwäsche vor einer Dauerwellbehandlung zu beachten?

a) Haare und Kopfhaut sind besonders gründlich zu waschen.
b) Es darf nur einmal, dafür muss aber gründlich gewaschen werden.
c) Es darf nur eine leichte Wäsche, möglichst ohne Kopfhautmassage, gemacht werden.
d) Es müssen die üblichen zwei Waschgänge in der gewohnten Weise durchgeführt werden.

23. Warum sind auch beim Haarewaschen Schutzhandschuhe zu tragen?

a) Weil jeder Hautkontakt mit Shampoo vermieden werden muss.
b) Weil der häufige Kontakt mit Wasser und Shampoo die Hände der Friseure schädigt.
c) Weil das der Kundschaft lieber ist.
d) Nur damit der Vorschrift entsprochen wird.

24. In welchem dieser Fälle sollte auf den zweiten Waschgang beim Haarewaschen verzichtet werden?

a) Bei sehr kurzem Haar.
b) Wenn die Haare am Tag zuvor gewaschen worden sind.
c) Wenn anschließend eine Haarkur gemacht wird.
d) Wenn beim vorausgegangenen Friseurbesuch eine Tönung gemacht wurde.

---

25. Welche Regel ist im Sinne des Gesundheits- und Umweltschutzes?

a) Zum Haarewaschen nur noch Seife anstatt Shampoo verwenden.
b) Nur einen Waschgang durchführen, wenn die Haare ohnehin alle 1 bis 2 Tage gewaschen werden.
c) Lieber mehr Shampoo als nötig verwenden, damit die Kopfhaut vollständig entfettet wird.
d) Eine Haaransatzwäsche darf nur gemacht werden, wenn die Bedienungspreise recht knapp kalkuliert sind.

---

26. Welche Wirkung kann von einem Haarpflegemittel <u>nicht</u> erwartet werden?

a) Mildern von Haarschädigungen
b) Völliges Beseitigen von Haarschaftschäden
c) Verbessern des Haarglanzes
d) Verbessern der Frisierbarkeit des Haares

---

27. Welches Präparat würden Sie bei einer Kundin, die über Schuppen klagt, empfehlen, wenn sie für die Behandlung nur wenig Zeit hat?

a) Spezialshampoo (Kurshampoo)
b) Haarkur (Packung)
c) Haarspülung
d) Kurfestiger

Haar- und Kopfhautpflege mit speziellen Mitteln

28. Welche dieser Haarpflegemittel sollen <u>hauptsächlich</u> auf die <u>Haare</u> einwirken?

a) Antischuppenkuren
b) Haarspülungen
c) Haarwässer gegen fettiges Haar
d) Antifettkuren

---

29. Welche Präparatform eignet sich für Haarkuren (Packungen) besonders?

a) W/Ö-Emulsionen
b) Ö/W-Emulsionen
c) Ölige Wirkstofflösungen
d) Wässrige Wirkstofflösungen

---

30. Welche Inhaltsstoffe von Haarkuren haben strukturverbessernde Eigenschaft?

a) Alkohole
b) Etherische Öle
c) Kräuterextrakte
d) Proteine

31. Welchen Vorteil von Haarkuren sollte man beim Beratungsgespräch betonen?

a) Den günstigen Preis des Produkts
b) Den angenehmen Duft des Mittels
c) Die Verbesserung der Kämmbarkeit und des Glanzes der Haare durch die Behandlung
d) Die leichte Anwendbarkeit des Präparats

---

32. Warum sollten die so genannten medizinischen Haar- und Kopfwässer auch auf die Kopfhaut aufgetragen und einmassiert werden?

a) Weil sie bei ungleichmäßiger Verteilung die Kopfhaut verätzen würden.
b) Weil sie nur so ihre Wirkung auf die Kopfhaut entfalten können.
c) Damit man für die Behandlung einen höheren Preis fordern kann.
d) Nur so können die haarwuchsfördernden Fettstoffe in die Kopfhaut eindringen.

---

33. Welcher Alkohol ist Hauptbestandteil von Haarwässern (Kopfwässern)?

a) Propantriol
b) Butanol
c) Isopropanol
d) Ethanol

---

34. Was kann man von einem Haarwasser <u>nicht</u> erwarten?

a) Juckreizlinderung
b) Erfrischende Wirkung
c) Verbesserung der Kopfhautdurchblutung
d) Verhinderung des Haarausfalls bei erblich bedingter Glatzenbildung

---

35. Zu welchem Zweck sind manche Haarwässer blau oder blauviolett gefärbt?

a) Damit sie gefälliger aussehen.
b) Die Färbung kommt vom Isopropanol und hat nichts zu bedeuten.
c) Damit sollen unschöne Gelbeffekte bei weißem Haar abgedeckt werden.
d) Diese Wässer müssen für Haare verwendet werden, die in Blau- oder Silbertönen gefärbt sind.

---

36. Welche Wirkung wird dem häufig in Haarwässern enthaltenen Wirkstoff Panthenol zugeschrieben?

a) Verhinderung von Haarausfall
b) Normalisierung der Talgdrüsenfunktion auf Dauer
c) Vor allem eine erfrischende Wirkung
d) Verringerung der Schuppenbildung

---

37. Welche Aussage ist als Verkaufsargument für Haarwässer <u>nicht</u> geeignet?

a) „Bald werden Sie auf die erfrischende Wirkung dieses Haarwassers nicht mehr verzichten wollen."
b) „Dieses Haarwasser verbessert die Frisierbarkeit der Haare und hält die Frisur in Form."
c) „Dieses Haarwasser wirkt gegen Kopfjucken und verringert die Schuppenbildung."
d) „Wenn Sie dieses Haarwasser benutzen, werden Sie nie mehr Ärger mit Schuppen haben."

38. Welches Argument ist dazu geeignet, eine Kundschaft für eine (zusätzliche) Haarkur zu gewinnen?

a) „Ihr Haar sieht ja fürchterlich aus. Da müssen Sie sich schon einmal eine Haarkur leisten."
b) „Wir müssen bei jeder Kundin eine Haarkur machen. Unser Chef will das so."
c) „Bei Ihrem Haar sollte wieder einmal eine Haarkur gemacht werden, aber heute haben Sie sicher dazu keine Zeit."
d) „Damit Ihr Haar wieder mehr Glanz bekommt und die schöne Farbe noch besser zur Geltung kommt, empfehle ich Ihnen eine Haarkur."

Reinigen und Pflegen von Haarersatz

39. Unter welcher Bezeichnung kann Humanhaar aus asiatischen Ländern angeboten werden?

a) Eurohaar
b) Exporthaar
c) Alphahaar
d) Kunsthaar

40. Welche Haarsorte ist wegen ihrer hellen Farbe und ihrer Feinheit am wertvollsten?

a) Indisches Haar
b) Chinesisches Haar
c) Südeuropäisches Haar
d) Deutsches Schnitthaar

41. Welche Maßnahmen sind bei asiatischem Haar nötig, damit es bei uns für Haarteile verarbeitet werden kann?

a) Verfeinern und Dunkelfärben
b) Verfeinern, Bleichen und Neueinfärbung
c) Chemisches Quellen und Strecken
d) Reinigen und Hellertönen

42. Von welchem Tier stammt das Büffelhaar?

a) Von der Angoraziege
b) Von der Siamkatze
c) Vom europäischen Rind
d) Vom asiatischen Yak

43. Von welchen Tieren stammt das für Haararbeiten in Frage kommende Angorahaar?

a) Von Angorakaninchen
b) Von Angorakatzen
c) Von Angoraziegen
d) Von Angoraschafen

44. Welche Eigenschaften zeichnen Angorahaar aus?

a) Es ist besonders lang und kräftig.
b) Es hat einen natürlichen blauschwarzen Glanz.
c) Es ist bis zu 50 cm lang.
d) Es ist reinweiß und seidenweich.

45. Welchen Vorteil hat Synthetikhaar gegenüber Echthaar?

a) Es lässt sich leichter farblich verändern.
b) Es lässt sich in beliebiger Länge und Farbe herstellen.
c) Man braucht es nicht zu pflegen.
d) Es lässt sich mit jedem Wellmittel umformen.

46. Wie werden Fasern aus Nylon, Perlon, Polyacryl usw. genannt?

a) Textile Fasern
b) Synthetische Fasern
c) Keratinfasern
d) Eiweißfasern

47. Welche Tressenart wird in der skizzierten Weise hergestellt?

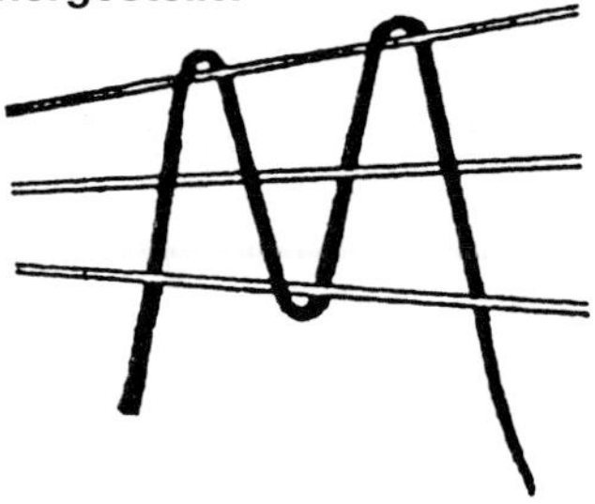

a) Englische Tresse
b) Einfache deutsche Tresse
c) Doppelte deutsche Tresse
d) Holländische Tresse

48. In welchem Fall spricht man von einem Haarersatzteil?

a) Bei Haarteilen zur Ergänzung des Eigenhaares, z. B. für festliche Frisuren
b) Bei kleinen Haarteilen ohne Montur, die als Locken angesteckt werden können
c) Bei Haarteilen, die ganz oder teilweise fehlendes Eigenhaar ersetzen sollen
d) Bei Haarteilen, die auf Draht tressiert sind und für Steckfrisuren gebraucht werden

49. Wie nennt man eine Teilperücke als Haarersatz für einen Herrn?

a) Frisett
b) Chignon
c) Montur
d) Toupet

50. Wie werden die Haare von geknüpften Echthaarteilen richtig gereinigt?

a) Shampoolösung gründlich einmassieren
b) Shampoolösung über die Haare gießen und dabei die Haare mit einer Drahtbürste durchbürsten
c) Waschmittelschaum gegen die Knüpfrichtung ins Haar bürsten
d) Waschmittellösung auf das aufgespannte Teil in Knüpfrichtung mit Naturhaarbürste auftragen

51. Echthaar von Haarersatzteilen wird nicht durch Hauttalg gefettet. Wodurch trägt man diesem Umstand bei der Haarteilpflege Rechnung?

a) Durch Behandlung des Haares mit stark fettender Frisiercreme
b) Durch Auftragen einer speziellen Pflegeemulsion
c) Durch Auftragen einer Haarkur
d) Durch Verwendung eines Kurshampoos

52. Welche Aussage zur Farbbehandlung von Synthetikhaar ist richtig?

a) Für Synthetikhaar sind die üblichen Haarfärbe- und Tönungsmittel nicht verwendbar.
b) Zur Farbauffrischung bei Synthetikhaar sind Tönungsfestiger gut geeignet.
c) Synthetikhaare können nur mit Oxidationshaarfarben gefärbt werden.
d) Zur farblichen Veränderung sind alle Färbe- und Tönungsmittel verwendbar.

53. Was ist beim Trocknen und Ausfrisieren von Haarteilen zu bedenken?

a) Echthaarteile dürfen nur mit dem Föhnkamm ausfrisiert werden.
b) Echthaarteile dürfen nur luftgetrocknet werden.
c) Synthetikhaar darf auf keinen Fall papillotiert werden.
d) Beim Trocknen von Synthetikhaar dürfen 40° C nicht überschritten werden.

54. Wie kann Synthetikhaar umgeformt werden?

a) Dauerwellen mit alkalischen Mitteln
b) Dauerwellen mit saurem Wellmittel
c) Nass wickeln und lufttrocknen lassen
d) Nass wickeln und bei 50 – 60° C trocknen

Punkte	0 – 16	17 – 27	28 – 36	37 – 44	45 – 50	51 – 54
Note	6	5	4	3	2	1

„Perückenpflege“ in der Rokokozeit (1720–1789)

Haarschneiden

Werkzeuge

1. Wozu benutzt man Scheren, bei denen beide Scherenblätter gezahnt sind?

a) Zum Konturenschneiden
b) Zum Übergangschneiden
c) Zum Graduieren
d) Zum Ausdünnen

2. Welche Besonderheit weisen Modellierscheren auf?

a) Sie haben an beiden Scherenblättern eine grobe Zahnung.
b) Sie haben an nur einem Scherenblatt eine feine Zahnung.
c) Sie haben ein gewölbtes Blatt.
d) Sie haben mit Kunststoff überzogene Griffe.

3. Welcher Aussage zur Behandlung von Haarschneidescheren stimmen sie zu?

a) Bei Haarschneidescheren muss vor allem die Größe stimmen, das Material spielt keine Rolle.
b) Der Vorteil hochwertiger Scheren besteht darin, dass man sie nicht zu pflegen braucht.
c) Mit Haarschneidescheren aus hochwertigem Stahl darf man ohne Bedenken auch Papier und Pappe schneiden.
d) Zur Pflege der Haarschneidescheren gehört, dass man auf die Schraube des Schlosses ab und zu einen Tropfen Öl gibt.

4. Was ist <u>kein</u> Ergebnis des so genannten Längsschnitts?

a) Unterschiedliche Haarlängen in einem Passee
b) Verringerte Haarfülle durch Ausdünnen
c) Natürlich wirkender Fall
d) Stumpfer Fall mit harter Schnittkante

Grundtechniken

5. Wie vermeidet man beim Stumpfschneiden über den Fingern unschöne Stufen oder Lücken?

a) Durch Verwenden der Haarschneidemaschine
b) Indem man die Haarpartie in spitzem Winkel zur Kopfhaut kämmt
c) Indem man das Haar senkrecht zur Kopfhaut kämmt
d) Durch straffes Spannen des Haarpassees mit Daumen und Zeigefinger

6. Was wäre ein <u>Fehler</u> beim Übergangschneiden über dem Kamm?

a) Den Kamm ruhig und gleichmäßig zu führen
b) Mit der Schere direkt über dem Kamm mitzugehen
c) Den Kamm schnell zu führen und die Schneidebewegungen langsam auszuführen
d) Den Kamm immer wieder zwischen Daumen und Zeigefinger zu wenden

7. Warum sollte beim Konturenschneiden für den Ohrenbogen besser die Haarschneideschere anstatt der Haarschneidemaschine genommen werden?

a) Weil man mit der Maschine das Ohr sehr leicht verletzt.
b) Weil man hier mit der Schere genauer schneiden kann.
c) Weil man mit der Schere keine Fehler machen kann.
d) Damit Strom gespart wird.

---

8. Was versteht man unter Effilieren?

a) Ausdünnen der Haare
b) Schneiden der Haarspitzen
c) Schneiden der Haare an der natürlichen Wachstumsgrenze
d) Feinabstufung der Haarlängen

---

9. Was wäre ein <u>Fehler</u> beim Ausdünnen der Haare mit Effilierschere?

a) Die Haare im trockenen Zustand zu schneiden
b) Die Effilierschere schräg anzusetzen
c) Mit der Effilierschere mehrmals an der gleichen Stelle zu schneiden
d) Die Haarpassees in einer Größe von ca. 5 x 1 cm abzuteilen

---

10. Welche Gefahr besteht beim schlagenden Effilieren mit der Effilierschere?

a) Dass das Haar zu wenig ausgedünnt wird
b) Dass das Haar in den Spitzen zu stark ausgedünnt wird
c) Dass die Haare insgesamt zu stark gekürzt werden
d) Dass zu viele Haare nur noch als Stümpfe übrig bleiben

---

11. Wie erreicht man beim Effilieren mit dem Klingengerät einen ruhigen, leicht nach innen anliegenden Frisurenverlauf?

a) Durch Effilieren der Haarpartie im trockenen Zustand
b) Durch Effilieren unter der Haarpartie vom Kopf weg
c) Durch seitliches Effilieren der Haarpartie
d) Durch Effilieren auf der Haarpartie vom Kopf weg

---

12. Was versteht man unter Graduieren?

a) Das Festlegen der Führungslinie
b) Das Ausdünnen der Haare
c) Das feine Abstufen der Haarlängen
d) Das Schneiden der Haare außerhalb der natürlichen Wachstumsgrenze

---

13. Was gilt <u>nicht</u> für den Scherenformschnitt?

a) Das Haar wird grundsätzlich im trockenen Zustand geschnitten.
b) Das Haar wird in der natürlichen Fallrichtung gekämmt und geschnitten.
c) Das Haar ist sorgfältig in Passees abzuteilen.
d) Keine Haarpartie wird unkontrolliert geschnitten.

Haarschneiden

14. Welche Aufgaben haben Führungslinien beim Haarschneiden?

a) Sie sind Orientierungshilfen und Gestaltungselemente.
b) Sie legen die Kämmrichtung fest.
c) Sie bestimmen die Scheitelung beim Abteilen der Haare.
d) Sie machen die Wuchsrichtung der Haare sichtbar.

15. Das Schneideergebnis wird auch vom Abhebewinkel mitbestimmt. Welche Bedeutung hat er?

a) Er bestimmt die Haarlänge.
b) Er ist für die Abstufung verantwortlich.
c) Von ihm ist das Volumen der Frisur abhängig.
d) Er legt den Konturenverlauf fest.

16. Welche Abteilung der Haare ist für eine vom Wirbel aus fallende Frisur richtig?

a) Senkrechte Abteilung
b) Waagerechte Abteilung
c) Sternförmige Abteilung vom Oberkopf aus
d) Diagonale Abteilung

Frisurenberatung

17. Was ist eine Aufgabe der Kundenberatung?

a) Die Kundin zu der neuesten Modefrisur zu überreden
b) Nach Möglichkeit eine Harmonie zwischen der Kundenpersönlichkeit und der aktuellen Frisurenmode herzustellen
c) Mängel der Gesichtsform mit der Frisur immer so auszugleichen, dass das Gesicht oval wirkt
d) Die Kundin zum Zweck der Umsatzsteigerung zu einer möglichst aufwendigen Behandlung zu überreden

18. Was sollte bei der Beratung <u>keine</u> Rolle spielen?

a) Die aktuelle Frisurenmode
b) Der Frisurenwunsch der Kundin
c) Haarqualität, Haarlänge und Haarfarbe
d) Der Familienstand der Kundin

19. Bei welcher Gesichts- bzw. Kopfform hat man bei der Frisurengestaltung die größtmögliche Freiheit?

a) Bei ovalem Gesicht mit ebenmäßigem Profil
b) Bei rundem Gesicht und kurzem Hals
c) Bei breitem Gesicht und flachem Hinterkopf
d) Bei dreieckigem Gesicht mit kräftigen Backenknochen

20. Wo wird die Gesichtsform durch die Frisur ausgeglichen?

a) 

b) 

c) 

d) 

Rasieren

21. Welche Aufgaben haben Rasierseifen bzw. -cremes bei der Nassrasur u. a.?

a) Adstringieren der Haut
b) Erweichen und Stützen der Barthaare
c) Verhindern von Hautreizungen
d) Verringern der Gleitfähigkeit der Haut

22. Welchen Vorteil haben Rasiergeräte mit auswechselbaren Klingen gegenüber den herkömmlichen Rasiermessern?

a) Sie brauchen nicht geschärft zu werden.
b) Sie sind viel billiger.
c) Man kann sich mit ihnen nicht verletzen.
d) Man braucht die Hygiene-Verordnung nicht zu beachten.

23. Was ist eine Aufgabe der Nachbehandlungsmittel beim Nassrasieren?

a) Die Haut zu erweichen und zu quellen
b) Die Haut zu adstringieren und zu neutralisieren
c) Die Durchblutung der Haut zu steigern
d) Die Haut gründlich zu entfetten

24. Was bedeutet es, wenn von einem Mittel gesagt wird, dass es adstringierende Eigenschaften hat?

a) Es wirkt entzündungshemmend.
b) Es wirkt gegen schädliche Bakterien.
c) Es erweicht die Haare.
d) Es wirkt entquellend und straffend.

25. Was ist ein adstringierender Bestandteil von Aftershave-Wässern?

a) Fettstoffe
b) Organische Säuren
c) Parfümöle
d) Polymere

26. Wie wird das gebogene Ende der Rasiermesserklinge genannt?

a) Schulter
b) Hals
c) Angel
d) Feile

Punkte	0 – 8	9 – 13	14 – 17	18 – 21	22 – 24	25 – 26
Note	6	5	4	3	2	1

Formverändernde Haarbehandlungen

Kurzfristig haltbare Umformung des Haares

1. Was meint man mit kurzfristig haltbarer Haarumformung?	a) Alle Dauerwellenverfahren b) Nur die Ondulation c) Nur das Föhnen der Haare d) Alle Umformungen mit Hilfe von Wasser und Wärme
2. Welche Brücken im Haarkeratin sind für das Wasserwellen oder Föhnen von Bedeutung?	a) Nur die Disulfidbrücken b) Nur die Wasserstoffbrücken c) Die Salz- und die Wasserstoffbrücken d) Die Disulfid- und die Wasserstoffbrücken
3. Was spielt für die Haltbarkeit der geföhnten oder wassergewellten Frisur <u>keine</u> Rolle?	a) Die Haarlänge b) Die Haarqualität c) Die Haarfarbe d) Die Nachfettung
4. Bei welcher Einlegetechnik werden die Wellen mit Zeige- und Mittelfinger in das nasse Haar gedrückt?	a) Bei der Wickelondulation b) Bei der handgelegten Wasserwelle c) Bei der Wellenpapillote d) Bei der Stehpapillote
5. Mit welcher Papillotiertechnik erhält man flach anliegende Locken mit geringer Sprungkraft, z. B. für Nackenhaare?	a) Wenn man die Haare senkrecht zur Kopfhaut kämmt und zu einer Stehpapillote formt. b) Wenn man nur die Spitzen der Haarsträhnen zu Papilloten formt. c) Wenn man die Haare vom Kopf wegstrebend zur Papillote formt. d) Durch Anwendung der Lockwelltechnik
6. Von wem wurde die Lockwelltechnik entwickelt?	a) K. Nessler b) G. Kramer c) J. Mayer d) V. Sassoon
7. Was ist ein Nachteil der Fingerpapillote?	a) Sie ermöglicht nur flachwellige Frisuren. b) Sie ermöglicht nur voluminöse Frisuren. c) Sie ist nur für lockige Kurzhaarfrisuren geeignet. d) Sie ist nicht geeignet für langes, stark dauergewelltes oder naturkrauses Haar.
8. Wie muss man beim Einlegen mit Volumenwicklern arbeiten, um großwellige, füllige Frisurenformen zu erhalten?	a) Große Wickler rechtwinklig zur Kopfoberfläche ansetzen b) Kleine Wickler rechtwinklig zur Kopfoberfläche ansetzen c) Große Wickler stumpfwinklig zur Kopfoberfläche ansetzen d) Große Wickler spitzwinklig zur Kopfoberfläche setzen

9. Welchen Vorteil haben Föhnwellen gegenüber handgelegten Wasserwellen?

a) Sie sind einfacher und erfordern weniger Geschick.
b) Sie sind weicher und fülliger.
c) Sie sind haltbarer und sprungkräftiger.
d) Es kann beim Föhnen nicht zu Haarschädigungen kommen.

---

10. Welche Folge kann häufiges heißes Föhnen bei geringem Abstand zum Haar haben?

a) Die Haare können brüchig werden.
b) Die Föhnbürsten gehen kaputt.
c) Die Haare werden ausgebleicht.
d) Dadurch kommt es zum kreisrunden Haarausfall.

---

11. Welche neuere Technik entspricht etwa der Ondulation?

a) Das Wickeln mit Volumenwicklern
b) Die Lockwelltechnik
c) Das Arbeiten mit dem elektrisch beheizten Lockenstab
d) Die handgelegte Wasserwelle

---

12. Welcher Kamm ist am besten geeignet zum Entwirren von Langhaar?

a) Herrenfrisierkamm
b) Ondulierkamm
c) Damenfrisierkamm
d) Toupierkamm

---

13. Wie werden Kämme mit langen, gabelartigen Zähnen an einer Seite genannt?

a) Lockenheber
b) Wasserwellkamm
c) Stielkamm
d) Ondulierkamm

---

14. Welchem hauptsächlichen Zweck dienen abgeflachte und elastische, zur Hälfte feingezahnte Kämme, die meist zur feinen Zahnung hin gleichmäßig schmäler werden?

a) Zum Wasserwellen
b) Zum Toupieren
c) Zum Durchkämmen der Haare vor der Wäsche
d) Zum Übergangschneiden beim Herrenhaarschnitt

---

15. Wozu benutzt man diese Art von Kämmen hauptsächlich?

a) Zum Übergangschneiden
b) Zum Einkämmen von Haarfarben
c) Zum Legen handgelegter Wasserwellen
d) Zum Arbeiten mit dem Föhn

---

16. Warum werden die gesägten Kämme am meisten geschätzt?

a) Weil sie am billigsten sind.
b) Weil sie in allen Farben zu haben sind.
c) Weil sie besonders glatte und dadurch haarschonende Flächen haben.
d) Weil sie besonders elastisch sind.

---

17. Warum sind zum Frisieren von Kunsthaarteilen Metallkämme gut geeignet?

a) Weil sie keinerlei Grate aufweisen.
b) Weil sie sich nicht elektrostatisch aufladen.
c) Weil sie robuster sind.
d) Weil sie sich durch Wärme nicht verformen.

18. Aus welchen Materialien werden die Gebrauchskämme überwiegend hergestellt?

a) Aus Bronze
b) Aus Schildpatt
c) Aus Ebenholz
d) Aus Kunststoffen

---

19. Was ist kein Qualitätsmerkmal von Haarbürsten?

a) Kräftige und elastische Borsten
b) Leicht zu reinigen
c) Scharfkantig geschnittene Borsten
d) Wärmebeständigkeit

---

20. Was kann keine Regel für die Pflege von Kämmen und Haarbürsten sein?

a) Kämme und Bürsten sind nach jeder Benutzung zu säubern.
b) Kämme und Bürsten brauchen nur gereinigt zu werden, wenn jemand mit einer ansteckenden Krankheit bedient wurde.
c) Arbeitsgeräte, die mit Blut in Berührung gekommen sind, müssen desinfiziert und gereinigt werden.
d) Bei der Bedienung sind nur einwandfreie Kämme (ohne abgebrochene Zähne) zu benutzen.

---

21. In welcher Art von Haarfestiger ist als Lösungsmittel Ethanol besser geeignet als Isopropanol?

a) In Tönungsfestigern
b) In Duftfestigern
c) In Kurfestigern
d) In Aufhellungsfestigern

---

22. Welcher dieser Stoffe ist ein wichtiges Kunstharz (Polymere), das als Filmbildner Verwendung findet?

a) Polyethylenglykol
b) Polyvinylpyrrolidon
c) Lanolin
d) Ethanol

---

23. Welche Aufgabe haben kationische Substanzen in Frisiermitteln?

a) Das Absplittern des Lackfilms zu verhindern
b) Den Duft der Parfümöle voll zur Entfaltung zu bringen
c) Pigmente abzubauen und die Haare aufzuhellen
d) Die elektrostatische Aufladung zu beseitigen und dadurch das „Fliegen" der Haare zu verhindern

---

24. Welchen Zweck kann die Anwendung von Frisiercremes nicht haben?

a) Die Frisur in Form zu halten
b) Die Haare geschmeidig zu machen
c) Dem Haar durch die Wäsche entzogene Fettstoffe zu ersetzen
d) Den Haarwurzeln zur Haarwuchsförderung Nährstoffe zuzuführen

---

25. Was sind die für die Aufgabe von Haarsprays wichtigsten Inhaltsstoffe?

a) Filmbildner (Kunstharze)
b) Lösungsmittel (Alkohole)
c) Weichmacher (z. B. Lanolin)
d) Treibmittel (Treibgase)

26. Welche Aufgabe haben die Weichmacher in Haarsprays?

a) Sie sollen die Haare erweichen.
b) Sie sollen den Lackfilm elastisch halten und sein Absplittern verhindern.
c) Sie müssen die Fettstoffe flüssig halten.
d) Sie müssen die Kunstharze lösen.

27. Welcher Hinweis zum Umgang mit Spraydosen ist falsch?

a) Dosen nicht der direkten Sonnenbestrahlung aussetzen.
b) Behälter vor Erwärmung über 50 °C schützen.
c) Spraydosen niemals bis zum letzten Rest entleeren.
d) Nicht in Flammen oder Glut (Zigaretten!) sprühen.

28. Warum sollte man mit Haarspray nicht verschwenderisch umgehen?

a) Weil die Inhaltsstoffe zu wertvoll sind.
b) Weil sonst die Industrie nicht mehr genügend liefern kann.
c) Weil dadurch die Umwelt unnötig belastet wird.
d) Weil Haarsprays sehr giftig sind.

Dauerwelle

29. Wer ist der Erfinder der Heißdauerwelle?

a) Karl Nessler
b) Josef Mayer
c) Marcel Gratesu
d) Vidal Sassoon

30. Wann wurde die Heißdauerwelle vom Erfinder der Öffentlichkeit vorgestellt?

a) 1548
b) 1789
c) 1871
d) 1906

31. Welche Wickeltechnik wurde bei der Heißdauerwelle zunächst angewandt?

a) Flachwicklung
b) Spiralwicklung
c) Zwillingswicklung
d) Pyramidenwicklung

32. Wann und von wem wurde die Flachwicklung eingeführt?

a) 1872 von Marcel Grateau
b) 1910 von Karl Nessler
c) 1924 von Josef Mayer
d) 1933 von Hans Schwarzkopf

33. Welche Verbesserung brachte die Flachwicklung?

a) Das Haar erhielt eine stärkere Ansatzkrause.
b) Sie ergab eine vom Ansatz bis zur Spitze gleichmäßige Wellenkrause.
c) Sie war besser geeignet für sehr langes Haar.
d) Die Dauerwellenbehandlung wurde einfacher und für die Kundin angenehmer.

34. Zur Beheizung gab es bei der Heißdauerwelle mehrere Möglichkeiten. Wie wirkte sich die Außenheizung auf das Wellergebnis aus?

a) Sie ergab eine kräftige Ansatzkrause und eine schwächere Spitzenkrause.
b) Man erhielt eine gleichmäßige Wellenkrause vom Ansatz bis zur Spitze
c) Die Ansätze wurden weniger, die Spitzen aber kräftig gekraust.
d) Die Ansätze wurden kräftig, die Spitzen überhaupt nicht gekraust.

---

35. Welche entscheidende Verbesserung brachte die Kaltwelle gegenüber der Heißdauerwelle?

a) Das Haar brauchte nicht so sorgfältig gewickelt zu werden.
b) Es waren keine alkalisch reagierenden Mittel mehr nötig.
c) Das Haar wurde durch die niedrigere Temperatur und die geringere Alkalität weniger stark beansprucht.
d) Die Kaltwellenbehandlung wirkte haarpflegend.

---

36. Ab wann etwa löste in Deutschland die Kaltwelle die Heißwelle ab?

a) Ab 1910
b) Ab 1924
c) Ab 1948
d) Ab 1971

---

37. Warum wurde das neue Verfahren Kaltwelle genannt?

a) Weil die Raumtemperatur bei der Behandlung nicht über 20 °C betragen durfte.
b) Weil die zur Behandlung notwendigen Chemikalien im Kühlschrank aufbewahrt werden mussten.
c) Weil zur Festigung der Wellung das Haar abgekühlt werden musste.
d) Weil es damit möglich war, das Haar bei Körpertemperatur, also ohne zusätzliche Wärme, zu dauerwellen.

---

38. Wodurch wurde es möglich, mit den Kaltwellpräparaten die Haare ohne zusätzliche Wärme zu dauerwellen?

a) Durch eine höhere Alkalität
b) Durch eine sehr stark saure Einstellung des Wellmittels
c) Durch eine reduzierende Entwicklerlösung und anschließende Fixierung
d) Durch Verwendung dünnerer Wickler

---

39. Welche Substanz ist das am meisten verwendete Reduktionsmittel in alkalischen Wellmitteln?

a) Natronlauge
b) Salpetersäure
c) Ammoniumthioglykolat
d) Thioglykolsäureester

---

40. Woraus entsteht Ammoniumthioglykolat?

a) Aus Natronlauge und Salzsäure
b) Aus Ethylalkohol und Buttersäure
c) Aus Ammoniaklösung und Thioglykolsäure
d) Aus Glycerin und Thioglykolsäure

---

41. Welche Aufgabe hat das Reduktionsmittel im Wellmittel hauptsächlich?

a) Auflösen des Haarkeratins
b) Lösen der Disulfidbrücken
c) Adstringieren des Haares
d) Festigen der Umformung

42. Was soll die alkalische Einstellung eines Wellmittels bewirken?

a) Bessere Schonung des Haares
b) Lösung der Doppelschwefelbrücken
c) Quellung des Haares sowie Lockerung der Salz- und Wasserstoffbrücken
d) Gleichmäßige Verteilung des Wellmittels auf dem Haar

43. Wie nennt man die Bestandteile in Wellmitteln, die für ein gleichmäßiges Verteilen des Präparats auf dem Haar sorgen?

a) Oxidationsmittel
b) Verdickungsmitel
c) Reduktionsmittel
d) Netzmittel

44. Warum werden Wellmitteln oft Stoffe wie Lanolin, Proteine oder sogar Kräuterextrakte zugesezt?

a) Sie sollen die Reduktionswirkung verstärken.
b) Sie sollen Haarschädigungen mildern.
c) Sie sollen verhindern, dass Alkalireste im Haar verbleiben.
d) Sie sollen den unangenehmen Geruch überdecken.

45. In welchem pH-Bereich wirken die meisten der alkalischen Wellmittel?

a) Um pH 8
b) Um pH 1
c) Um pH 10
d) Um pH 12

46. Was ist der wichtigste Wirkstoff in Dauerwellmitteln?

a) Oxidationsmittel
b) Reduktionsmittel
c) Neutralisationsmittel
d) Lösungsvermittler

47. Welcher Bestandteil in den Fixiermitteln muss die Disulfidbrücken in der neuen Stellung wieder festigen?

a) Das Oxidationsmittel
b) Das Lösungsmittel
c) Das Neutralisationsmittel
d) Das Pflegemittel

48. Welches Oxidationsmittel enthalten Dauerwellfixierungen hauptsächlich?

a) Kaliumpermanganat
b) Wasserstoffperoxid
c) Kaliumbromat
d) Natriumperborat

49. Wie hoch ist die H_20_2-Konzentration in den meisten gebrauchsfertigen Fixierungen etwa?

a) 1 bis 2 %
b) 3 bis 6 %
c) 6 bis 9 %
d) 12 bis 18 %

50. Wie reagieren die Fixiermittel?

a) Stark sauer
b) Mittelstark bis schwach sauer
c) Neutral
d) Schwach alkalisch

51. Welcher Inhaltsstoff von Fixiermitteln ist für die neutralisierende und adstringierende Wirkung verantwortlich?

a) Netzmittel
b) Lösungsmittel
c) Oxidationsmittel
d) Säuren

52. Was ist bei der Aufbewahrung von Well- und Fixiermitteln zu beachten?

a) Angebrochene Flaschen offen stehen lassen
b) Flaschen nur in dunklen Räumen aufbewahren
c) Angebrochene Flaschen am gleichen Tag verbrauchen
d) Well- und Fixiermittel gut verschlossen aufbewahren

---

53. Um welchen Reaktionstyp handelt es sich beim „Entwickeln" der Dauerwelle?

a) Um eine Protolyse
b) Um eine Oxidation
c) Um eine Polykondensation
d) Um eine Reduktion

---

54. Welche Aussage über die Wirkung des Wellmittels ist richtig?

a) Es spaltet den Sauerstoff ab.
b) Es entzieht den Disulfidbrücken Wasserstoff.
c) Es entzieht den Disulfidbrücken den Schwefel.
d) Es gibt Wasserstoff an die Schwefelatome der Disulfidbrücken ab.

---

55. Welchen Zweck hat das Wickeln beim Dauerwellen?

a) Die Disulfidbrücken zu lockern
b) Das „erweichte" Haar zu verformen
c) Die Wasserstoffbrücken zu lösen
d) Die Kittsubstanz des Haarkeratins aufzulösen

---

56. Was geschieht beim Fixieren der Dauerwelle?

a) Die Disulfidbrücken werden durch Anlagerung von H-Atomen teilweise gelockert.
b) Alle Salz- und Wasserstoffbrücken werden durch Quellung des Haarkeratins gelöst.
c) Die vom Fixiermittel abgespaltenen O-Atome verbinden sich mit den an die S-Atome angelagerten H-Atomen, so dass sich die Disulfidbrücken neu bilden können.
d) H-Atome lagern sich an die S-Atome von Disulfidbrücken an, so dass diese sich lösen müssen.

---

57. Um welchen Reaktionstyp handelt es sich beim Fixiervorgang hauptsächlich?

a) Um eine Protolyse
b) Um eine Oxidation
c) Um eine Polyaddition
d) Um eine Hydration

---

58. Welche Aussage trifft auf Sauerwellen zu?

a) Das Wellmittel reagiert alkalisch, das Fixiermittel sauer.
b) Das Wellmittel reagiert sauer, das dazugehörige Fixiermittel aber alkalisch.
c) Das Wellmittel hat einen pH-Wert zwischen 0 und 2.
d) Wellmittel und Fixiermittel reagieren schwach sauer.

---

59. Welchen Vorteil haben die Schaumdauerwellen?

a) Sie sind billiger.
b) Sie wirken viel schneller.
c) Sie sind bequemer anzuwenden und laufen nicht ab.
d) Sie wirken intensiver.

60. Was bedeutet die Bezeichnung „Zwei-Phasen-Wellmittel“?

a) Man benötigt zwei Präparate, nämlich Wellmittel und Fixiermittel.
b) Well- und Fixiermittel sind in einem einzigen Präparat enthalten.
c) Die Präparatmenge ist so bemessen, dass sie für zwei Behandlungen reicht.
d) Zur Behandlung werden zwei unterschiedlich konzentrierte Präparate verwendet.

---

61. Welchen Vorteil bieten die „Zwei-Phasen“-Wellmittel?

a) Wellmittel und Fixiermittel brauchen nicht mehr ausgespült zu werden.
b) Weder beim Wellmittel noch bei der Fixierung muss eine Einwirkzeit eingehalten werden.
c) Der Phase 2 kann Haarfarbe zugemischt werden, so dass Dauerwellung und Färbung in einem Arbeitsgang möglich sind.
d) Man kann den Strukturunterschieden zwischen Ansatz und porösen Spitzen besser Rechnung tragen.

---

62. Von welchem Faktor hängt es ab, welche Wicklergrößen und welche Wickelmethode anzuwenden sind?

a) Von der Haarfarbe
b) Von der Art der Frisur
c) Vom Alter der Kundin
d) Von der Wellmittelmarke

---

63. Wonach hat man sich bei der Wahl des Wellmittels hauptsächlich zu richten?

a) Nach der Größe der zu benützenden Wickler
b) Nach der Methode, nach der gewickelt werden soll
c) Nach der Qualität (Dicke, Struktur) der Haare
d) Nach der Haarlänge

---

64. Worauf ist bei der Haarwäsche vor einer Dauerwellbehandlung zu achten?

a) Dass Haare und Kopfhaut genau so gewaschen werden wie sonst auch.
b) Es darf überhaupt keine Haarwäsche durchgeführt werden.
c) Die Kopfhaut muss vor einer Dauerwellbehandlung besonders gründlich massiert werden.
d) Auf eine Kopfhautmassage sollte bei der Wäsche vor einer Dauerwelle möglichst ganz verzichtet werden.

---

65. Welche Empfehlung zu Schutzmaßnahmen bei einer Dauerwellbehandlung ist <u>falsch</u>?

a) Kleidung der Kundin durch Umhang schützen
b) Die Haut der Kundin an den Haarkonturen eincremen
c) Der Kundin an den Haarkonturen zum Schutz vor ablaufendem Wellmittel Wattestreifen umlegen
d) Auf Schutzhandschuhe für die eigenen Hände verzichten, denn die stören nur beim Arbeiten

---

66. Worin unterscheiden sich die für verschiedene Haarqualitäten bestimmten Wellmittel im <u>Wesentlichen</u>?

a) In der Farbe
b) In der Reduktionsmittelkonzentration
c) In der Art der verwendeten Duftstoffe
d) In der Präparatmenge

67. Warum werden für poröse Haare Wellmittel mit geringerer Wirkstoffkonzentration und evtl. auch niedrigerem pH-Wert verwendet?

a) Poröse Haare sind saugfähiger und würden sonst zu viel Wirkstoff aufnehmen.
b) Poröse Haare dürfen nicht so stark dauergewellt werden.
c) Poröse Haare würden durch normal konzentrierte Wellmittel zerstört.
d) Stärker konzentrierte Wellmittel würden von porösem Haar nicht aufgenommen.

---

68. Warum ist es im Zweifelsfall günstiger, ein schwächer konzentriertes Wellmittel zu verwenden?

a) Weil es schneller wirkt.
b) Weil es leichter anwendbar ist.
c) Weil der Umformungsprozess besser zu kontrollieren ist.
d) Weil die Kopfhaut nicht geschädigt werden kann.

---

69. Warum wird heute meist empfohlen, auf das Vorfeuchten ganz zu verzichten?

a) Weil Arbeitszeit gespart wird.
b) Weil der Wellmittelverbrauch geringer ist.
c) Weil die Umformung haltbarer ist.
d) Weil die Gefahr der Haar- und Hautschädigung geringer ist.

---

70. Welche Aussage über den Zusammenhang zwischen Wicklerdicke und Form der Wellung ist richtig?

a) Dünne Wickler ergeben eine engbogige, sprungkräftige Krause.
b) Dünne Wickler ergeben eine engbogige, aber wenig sprungkräftige Krause.
c) Mit dicken Wicklern erhält man eine weitbogige, aber nur kurzfristig haltbare Umformung.
d) Dicke Wickler verwendet man zur Erzielung einer kleinbogigen Lockenkrause bei feinem Haar.

---

71. Was wäre ein Fehler beim Dauerwellenwickeln?

a) Nach der Frisurenform zu wickeln
b) Länge und Breite des Passees auf die Wicklergröße abzustimmen
c) Immer recht straff zu wickeln
d) Wickler parallel zur Kopfoberfläche zu halten

---

72. Was bezweckt man mit der Verwendung von Spitzenpapier?

a) Abschwächung der Spitzenumformung
b) Verstärkung der Ansatzumformung
c) Schonung der Hände
d) Erleichterung des Wickelns

---

73. Was soll die Anwendung eines Vorbehandlungsmittels beim Dauerwellen von Haaren mit größeren Strukturunterschieden bewirken?

a) Das Haar soll vor jeder Beeinträchtigung durch das Wellmittel geschützt werden.
b) Die Saugfähigkeit des gesamten Haares soll herabgesetzt werden.
c) Nur die Saugfähigkeit der stärker porösen Haarpartien soll herabgesetzt werden.
d) Die Saugfähigkeit der nicht porösen Partien soll erhöht werden.

74. Unter welchen Bedingungen benötigt das Wellmittel die längste Einwirkzeit?

a) Bei Einsatz eines Infrarotstrahlers
b) Bei Einsatz des Climazons
c) Bei Raumtemperatur und Abdeckung des Haares mit einer Folienhaube
d) Bei Raumtemperatur ohne Abdeckung des Haares

---

75. In welchem Fall müssen die Haare während der Einwirkung des Wellmittels unbedingt mit einer Folienhaube abgedeckt werden?

a) Wenn eine Trockenhaube eingesetzt wird.
b) Wenn ein Climazon angewandt wird.
c) Wenn ein Infrarotstrahler benutzt wird.
d) Wenn gar kein Gerät zur Wärmezufuhr eingesetzt wird.

---

76. Was versteht man unter einer Überkrausung?

a) Eine besonders sprungkräftige Krause
b) Eine besonders engbogige, sprungkräftige Krause
c) Eine Krause, die bei nassem Haar kräftig aussieht, beim trockenen Haar aber ohne Sprungkraft und wenig haltbar ist
d) Eine an den Spitzen zu engbogige, an den Längen aber nur schwache Umformung

---

77. Wodurch kann es zu einer Überkrausung kommen?

a) Wenn durch eine zu kurze Einwirkzeit nicht genügend Disulfidbrücken gelöst werden.
b) Wenn durch ein zu schwaches Wellmittel die Umformung ungenügend ist.
c) Wenn zu ausgiebig fixiert wird.
d) Wenn durch ein zu starkes Wellmittel oder eine zu lange Einwirkzeit zu viele Disulfidbrücken gelöst und beim Fixieren nicht mehr gefestigt werden.

---

78. Wodurch kann es beim Dauerwellen zu Knickstellen am Haar kommen?

a) Durch zu dünne Wickler
b) Durch zu schmal abgeteilte Passees
c) Durch fehlerhaft angebrachte Haltegummis
d) Durch zu große Wickler

---

79. Was kann Ursache eines zu krausen Wellergebnisses sein?

a) Verwendung zu dicker Wickler
b) Zu lange Einwirkzeit der Fixierung
c) Verwendung zu dünner Wickler
d) Zu kurze Einwirkzeit

---

80. Wodurch kann es beim Dauerwellen zu Hautreizungen an den Haarkonturen kommen?

a) Durch zu dickes Eincremen der Haarkonturen
b) Durch Einsatz eines Infrarotstrahlers während der Einwirkzeit
c) Durch Verwendung eines zu sauren Fixiermittels
d) Durch zu spätes Abnehmen des mit Wellmittel benetzten Wattestreifens

81. Was kann die Folge sein, wenn einzelne Wickel beim Anfeuchten mit Wellmittel oder beim Fixieren übersehen wurden?

a) Ein insgesamt zu schwaches Wellergebnis
b) Eine ungleichmäßige Umformung
c) Haarschädigung, z. B. Haarspliss
d) Haarbrüche bei den nicht oder nur wenig benetzten Haarwickeln

82. Eine Kundin lehnt eine Dauerwelle mit der Begründung ab, dass die ihr Haar kaputt macht. Welches Gegenargument halten Sie für geeignet?

a) „Da liegen Sie aber ganz falsch. Dauerwellen schaden dem Haar überhaupt nicht."
b) „Natürlich schaden Dauerwellen dem Haar etwas, aber das muss man halt in Kauf nehmen."
c) „Sie haben vielleicht schlechte Erfahrungen gemacht. Aber wir legen großen Wert auf die Haarpflege. Ich würde Ihnen darum keine Behandlung empfehlen, durch die Ihr Haar geschädigt würde."
d) „Ja, wenn sie sich im Salon XY eine Dauerwelle machen lassen, dürfen Sie sich nicht wundern. Die können das nicht."

Punkte	0 – 24	25 – 40	41 – 54	55 – 65	66 – 74	75 – 82
Note	6	5	4	3	2	1

Farbverändernde Haarbehandlungen

Farblehre

1. Was ist keine Voraussetzung für den richtigen Umgang mit Farben?

a) Gesunde Augen
b) Schulung und Erfahrung
c) Genaue Kenntnis der Anatomie des Auges
d) Ausreichendes Licht

2. Wie nennt man die Farben, die man beim Zerlegen des „weißen“ Lichts mit Hilfe eines Glasprismas erhält?

a) Pigmentfarben
b) Körperfarben
c) Spektralfarben
d) Pastellfarben

3. Mit welchem Hilfsmittel können die Farben des Farbspektrums zu weißem Licht zusammengefasst werden?

a) Mit einem Glasprisma
b) Mit einer Sammellinse
c) Mit einer Zerstreuungslinse
d) Mit einem Hohlspiegel

4. In welchem Fall sehen wir einen Gegenstand gelb?

a) Wenn er alle Lichtstrahlen reflektiert.
b) Wenn er alle Lichtstrahlen absorbiert.
c) Wenn er nur Lichtstrahlen mit Wellenlängen um 460 nm reflektiert.
d) Wenn er nur die Lichtstrahlen mit Wellenlängen um 600 nm reflektiert.

5. Wie sehen wir einen Gegenstand, der alle Wellenlängen des sichtbaren Lichts reflektiert?

a) Schwarz
b) Blau
c) Gelb
d) Weiß

6. Warum erscheint uns hellblondes Haar bei Kerzenlicht goldblond?

a) Weil bei schwächerer Beleuchtung nur die gelbroten Farben zu sehen sind.
b) Weil Kerzenlicht viel gelbrotes Licht enthält und vom Haar daher hauptsächlich dieser Farbton reflektiert wird.
c) Weil Kerzenlicht alle Gegenstände gelbrot färbt.
d) Weil Kerzenlicht alle Lichtstrahlen in Gelbrottöne umwandelt.

7. Welche Gruppe umfasst die Grundfarben?

a) Gelb, Grün, Grau
b) Rot, Blau, Orange
c) Blau, Silber, Violett
d) Gelb, Rot, Blau

8. Welche Farben lassen sich nicht durch Mischen herstellen?

a) Brauntöne
b) Pastellfarben
c) Mischfarben
d) Grundfarben

9. Welche Aussage trifft auf Mischfarben 1. Ordnung zu?

a) Sie kommen in der Natur nicht vor.
b) Sie entstehen durch Mischen zweier Farben, die sich im Farbkreis gegenüberliegen.
c) Sie entstehen durch Mischen zweier Grundfarben.
d) Sie entstehen durch Mischen aller Grundfarben.

---

10. In welcher Gruppe stehen nur Mischfarben 1. Ordnung?

a) Orange, Grün, Violett
b) Blau, Gelb, Rot
c) Türkis, Kupfer, Gold
d) Lindgrün, Goldgelb, Orange

---

11. Was sind Komplementärfarben?

a) Farben, die sich im Farbkreis gegenüberliegen.
b) Damit sind die drei Grundfarben gemeint.
c) Das sind jeweils zwei Farben, die im Farbkreis nebeneinander liegen.
d) Das sind Farbstoffe, mit denen man andere Farben aufhellen kann.

---

12. Was ist die Komplementärfarbe zu Rot?

a) Gelb
b) Grün
c) Blau
d) Violett

---

13. Wie nennt man Farben, die durch Überlagerung von farbigem Licht auf weißem Grund entstehen?

a) Spektralfarben
b) Pastellfarben
c) Additive Farbmischung
d) Subtraktive Farbmischung

---

14. Was trifft auf subtraktive Farbmischungen zu?

a) Das Ergebnis ist stets dunkler als die hellere der Ausgangsfarben.
b) Man erhält sie durch Mischen farbigen Lichts.
c) Die Farbmischung wird stets heller als die hellere der Ausgangsfarben.
d) Mit subtraktiver Farbmischung meint man das Vermischen der Farbcreme mit der H_2O_2-Lösung beim Haarfärben.

---

15. Welche Bedeutung haben die Komplementärfarben für das Haarfärben?

a) Komplementärfarben sind besonders intensiv färbende Präparate.
b) Komplementärfarben ist ein Sammelbegriff für alle Tönungsmittel.
c) Mit der entsprechenden Komplementärfarbe lassen sich unerwünschte Farbtöne abschwächen (mattieren).
d) Komplementärfarben dienen zum Aufhellen zu dunkel ausgefallener Färbungen.

---

16. Welche Farbbezeichnung wird von den Haarfarbenherstellern für Blaugrautöne verwendet?

a) Cognac
b) Kupfer
c) Gold
d) Asch

17. Welchen Farbton erhält man, wenn man eine rote mit einer grünen Farbe vermischt?

a) Rotgrün
b) Blaurot
c) Gelbgrün
d) Graubraun

18. Welche Farbe haben Färbe- und Tönungsmittel, die mit „Silber" bezeichnet werden?

a) Violett
b) Blaugrün
c) Grün
d) Grau

19. Welche Farbe enthalten Mattierungsmittel zur Abschwächung unerwünschter Rottöne?

a) Blau
b) Violett
c) Grün
d) Braun

20. Welche Farben werden Pastellfarben genannt?

a) Alle hellen Farben
b) Alle aus mehreren Farben zusammengesetzten Farbtöne
c) Nur die Blau- und Grüntöne
d) Mit weiß aufgehellte Farben

21. Um welche Farbkörper handelt es sich vermutlich bei den Eumelaninen?

a) Um orangefarbiges Melanin
b) Um graublaue Pigmente
c) Um rote, große Pigmente
d) Um dunkle Pigmente

22. Welche Eigenschaften werden den Phäomelaninen nachgesagt?

a) Klein und chemisch leicht abbaubar
b) Klein und gelbrot
c) Chemisch überhaupt nicht veränderbar
d) Größer und dunkler als die Eumelanine

23. Wovon hängt die Farbtiefe des Haares hauptsächlich ab?

a) Von der Menge der Pigmente, besonders der dunklen Pigmente
b) Von der Menge der Phäomelanine
c) Vom Mischungsverhältnis der verschiedenen Pigmentarten
d) Allein von den Lichtverhältnissen

24. Welche dieser Farbbezeichnungen nennt nicht die Farbtiefe, sondern die Farbrichtung?

a) Schwarz
b) Dunkelblond
c) Goldblond
d) Hellblond

25. Welche dieser Farben werden im allgemeinen als warm und anregend empfunden?

a) Blau, Grau
b) Violett, Blau
c) Türkis, Lindgrün
d) Rot, Orange

26. Welche Aussage über den Zusammenhang von Farbe und Größenwirkung ist richtig?

a) Dunkle Farben lassen Flächen und Gegenstände größer erscheinen.
b) Schwarze Flächen und Gegenstände sehen immer größer aus als vergleichbare helle.
c) Die Farbe hat auf die Größenwirkung eines Gegenstandes oder einer Fläche keinen Einfluss.
d) Helle Flächen oder Gegenstände erscheinen uns größer und leichter als vergleichbare dunkle.

---

27. Warum zeigen Haare mit geschädigter Schuppenschicht nur wenig oder gar keinen Glanz?

a) Weil fast alle Lichtstrahlen absorbiert werden.
b) Weil die Lichtstrahlen gestreut reflektiert werden.
c) Weil gar keine Lichtstrahlen reflektiert werden.
d) Weil alle Lichtstrahlen in der gleichen Richtung reflektiert werden.

---

28. Was ist die Hauptaufgabe der Farbberatung?

a) Kundinnen über die aktuellen Modefarben zu informieren
b) Kunden die Grundlagen der Farblehre zu erklären
c) Eine Harmonie zu erreichen, z. B. zwischen der Augenfarbe, der Haarfarbe und dem Make-up
d) Abstimmen der Haar- und Make-up-Farben auf die Farbe der Kleidung

---

29. Die Farbtypenlehre geht von vier Farbtypen aus. Welchem Typ werden kräftige, kontrastreiche und kühle Töne zugeordnet?

a) Dem Frühlingstyp
b) Dem Sommertyp
c) Dem Herbsttyp
d) Dem Wintertyp

---

30. Zur Feststellung des Hauttons und damit des Farbtyps müssen bestimmte Voraussetzungen gegeben sein. Was gehört nicht zu diesen Voraussetzungen?

a) Kräftig bunte Kleidung
b) Neutrales Licht, z. B. Tageslicht
c) Ungeschminktes Gesicht
d) Mit weißem Tuch abgedeckte Kleidung

Blondieren

31. Was ist der wichtigste Bestandteil des Blondierpräparats (vor dem Zufügen von H_2O_2)?

a) Verdickungsmittel
b) Netzmittel
c) Schutz- und Pflegestoffe
d) Alkalisierungsmittel

---

32. Welche Aufgabe haben Ammoniak und alkalisch reagierende Salze in Blondiermitteln nicht?

a) Die Haare zu quellen
b) Den Sauerstoff aus dem H_2O_2 zu aktivieren
c) Unerwünschte Farbtöne zu mattieren
d) Den pH-Wert zu stabilisieren

33. Welche Bestandteile des Blondiermittels haben unter anderem die Aufgabe, die Stabilisierung des H_20_2 aufzuheben und dadurch den Abbau der Pigmente zu ermöglichen?

a) Fette und Wachse
b) Ammoniak und alkalische Salze
c) Farbstoffzusätze
d) Tenside

34. Wie nennt man die Inhaltsstoffe, die das Ablaufen und Überlaufen des Blondierbreis in nicht zu behandelnde Bereiche verhindern sollen?

a) Alkalisierungsmittel
b) Verdickungsmittel
c) Schutzstoffe
d) Netzmittel

35. Warum enthalten Blondiermittel oft Farbstoffzusätze in Blau- oder Viloletttönen?

a) Um Blondierung und Färbung in einem Arbeitsgang durchführen zu können.
b) Um dem Haar eine blauviolette Farbe zu geben.
c) Damit das Präparat bei der Anwendung gefälliger aussieht.
d) Um dem Entstehen unschöner Gelborangetöne vorzubeugen.

36. Wie ist die Aufgabe des im Blondierbrei enthaltenen Wasserstoffperoxids richtig beschrieben?

a) Es reduziert die Farbbildner zu gelben Pigmenten.
b) Es quillt das Haar und macht es aufnahmefähig.
c) Es baut Pigmente im Haar ab und hellt es dadurch auf.
d) Es neutralisiert und adstringiert die Haare.

37. Um welchen chemischen Vorgang handelt es sich beim Abbau der Pigmente beim Blondieren hauptsächlich?

a) Um eine Reduktion
b) Um eine Oxidation
c) Um eine Neutralisation
d) Um eine Hydration

38. Wie hoch darf die H_2O_2-Konzentration des gebrauchsfertigen Blondierbreis höchstens sein?

a) 3 %
b) 6 %
c) 9 %
d) 12 %

39. Was sind die wichtigsten Inhaltsstoffe so genannter Blondierverstärker?

a) Thioglykolsäure und Netzmittel
b) Alkalisierungs-, Oxidations- und Mattierungsmittel
c) Netz-, Verdickungs- und Neutralisationsmittel
d) Farbbildner, Filmbildner und Fettstoffe

40. Welche dieser Aussagen über die Vorgänge beim Blondieren ist <u>fehlerhaft</u>?

a) Das Alkali quillt das Haar und macht es aufnahmefähig.
b) Aus dem Oxidationsmittel wird Wasserstoff abgespalten.
c) Der Haarfarbstoff wird durch Oxidation abgebaut und das Haar dadurch aufgehellt.
d) Bei braunem und rotbraunem Haar kommt es leicht zu einem Rot- oder Gelbstich.

41. Wie erklärt man die Entstehung unschöner Gelbrottöne beim Blondieren?

a) Das kann passieren, wenn das Blondiermittel nicht genügend alkalisch ist.
b) Der Grund dafür ist eine zu poröse Haarstruktur.
c) Die dunklen Pigmente lassen sich schlecht abbauen, weil sie chemisch sehr stabil sind.
d) Das passiert besonders bei Haaren mit viel Orangepigmenten.

---

42. In welchem pH-Bereich wirken Blondierpräparate?

a) pH 3 – 4
b) pH 5 – 7
c) pH 7 – 8
d) pH 8 – 10

---

43. Was hat auf den Grad der Aufhellung keinen Einfluss?

a) Die Mattierungsmittel des Blondierbreis
b) Die Dauer der Einwirkzeit
c) Die Alkalität des Blondiermittels
d) Die Höhe der H_2O_2-Konzentration

---

44. Wovon hängt die Beeinträchtigung der Haarstruktur beim Blondieren ab?

a) Nur von der H_2O_2-Konzentration
b) Nur von der Alkalität des Blondierbreis
c) Hauptsächlich vom Grad der Aufhellung
d) Allein von der Länge der Einwirkzeit

---

45. In welchem Fall ist eine Blondierung nicht angebracht?

a) Wenn mittelbraunes Haar in einem hellen Blondton gefärbt werden soll.
b) Wenn das Farbziel 4 bis 5 Stufen heller als die Naturfarbe ist.
c) Wenn gefärbtes Haar aufgehellt werden soll.
d) Wenn stärker poröses dunkelbraunes Haar einen hellaschblonden Ton erhalten soll.

---

46. Welcher Gesichtspunkt spielt bei der Haarbeurteilung vor der Blondierung keine Rolle?

a) Die Farbtiefe und Nuance der Ausgangsfarbe
b) Der gewünschte Farbton
c) Der Zustand der Haare (Haarqualität)
d) Das Vorhandensein einer Naturkrause

---

47. Welcher Satz in dieser Beschreibung des Arbeitsablaufes beim Blondieren ist falsch?

a) Das Haar wird im Allgemeinen nicht gewaschen.
b) Mit dem Auftragen des Blondierbreis beginnt man an den Schläfen, weil da die Haare am dunkelsten sind.
c) Bei Erstblondierungen werden zuerst die Längen, dann die Spitzen und zuletzt die Ansätze eingestrichen.
d) Während der Einwirkzeit ist der erreichte Aufhellungsgrad mehrmals zu kontrollieren.

---

48. Womit muss eine Blondierung immer abgeschlossen werden?

a) Mit einer intensiven Kopfhautmassage
b) Mit der Anwendung eines Farbfestigers
c) Mit dem Einmassieren eines Haarwassers
d) Mit einer Sauerspülung oder einer Haarkur

49. Welche Aufgabe hat das saure Nachbehandlungsmittel nach dem Blondieren?

a) Die Haare zu quellen und aufnahmefähig zu machen
b) Eventuell entstandene Farbmängel auszugleichen
c) Alkalirückstände zu neutralisieren und die Haare zu adstringieren
d) Den Sauerstoff aus dem H2O2 zu aktivieren

Tönen

50. Wie werden die Fertigfarbstoffe auch genannt, die die Haare in der Farbe anfärben, die sie selber vor der Anwendung zeigen?

a) Oxidationsfarbstoffe
b) Direktziehende Farbstoffe
c) Farbbildner
d) Entwicklungsfarbstoffe

51. Welcher Faktor spielt für das Eindringvermögen und die Haftfähigkeit der Fertigfarbstoffe <u>keine</u> Rolle?

a) Die Größe der Farbstoffmoleküle
b) Die Ladung der Farbstoffteilchen
c) Die Porosität der Haare
d) Die Länge der Haare

52. Unter welchem Begriff können die Präparate für farbverändernde Haarbehandlungen zusammengefasst werden, die nur Fertigfarbstoffe enthalten?

a) Oxidationshaarfarben
b) Colorationsmittel
c) Tönungsmittel
d) Entwicklungsfarben

53. Wie reagieren Tönungsmittel im Allgemeinen?

a) Stark sauer
b) Immer neutral
c) Schwach alkalisch
d) Leicht sauer bis neutral

54. Was kann von einem Tönungsfestiger <u>nicht</u> erwartet werden?

a) Farbtonauffrischung
b) Leichte Farbkorrektur
c) Vollständiges Abdecken von Weißhaar
d) Nuancierung in Modetönen

55. Worin unterscheiden sich Tonspülungen von Farbfestigern?

a) Sie reagieren stärker alkalisch.
b) Sie wirken aufhellend und schädigen die Haarstruktur.
c) Sie enthalten weniger Farbstoffe und müssen wieder ausgespült werden.
d) Sie sind stärker konzentrierte Farbstofflösungen und enthalten keine Filmbildner.

56. Welche Präparate werden in das Haar eingeschäumt und nach 5 bis 10 Minuten ausgespült, ohne dass eine saure Nachbehandlung nötig ist?

a) Tönungsfestiger
b) Tonspülungen
c) Schaumtönungen
d) Colorationsmittel

Färben

57. Welches dieser bereits in der Antike verwendeten Mittel spielt auch heute noch eine Rolle als Haarfärbemittel?

a) Goldstaub
b) Safran
c) Henna
d) Reng

58. Welche Farbtöne lassen sich mit Henna erzielen?

a) Rötliche
b) Bläuliche
c) Aschblonde
d) Blauschwarze

59. Welchen Vorteil haben Pflanzenfarben wie z. B. Henna beim Haarfärben?

a) Sie sind besonders gut haltbar.
b) Sie färben sehr deckkräftig.
c) Sie schädigen die Haarstruktur nicht und wirken adstringierend.
d) Die Anwendung ist einfach und erfordert nur wenig Zeit.

60. Wie werden Farbstoffe genannt, die erst durch die Reaktion mit Sauerstoff die eigentliche Farbe ergeben?

a) Reaktionsfarbstoffe
b) Reduktionsfarbstoffe
c) Direktfarbstoffe
d) Oxidationsfarbstoffe

61. Was ist ein Nachteil der Oxidationsfarbstoffe in Haarfärbemitteln?

a) Es gibt sie nur in Brauntönen.
b) Sie können allergische Reaktionen verursachen.
c) Ihre Deckkraft ist meist nur gering.
d) Mit Oxidationsfarben gefärbtes Haar kann nicht dauergewellt werden.

62. Welche dieser Substanzen ist ein wichtiger Oxidationsfarbstoff?

a) Methylenblau
b) Silbernitrat
c) Methylviolett
d) p-Toluylendiamin

63. Warum werden die Oxidationsfarbstoffe auch Farbbildner genannt?

a) Weil sie erst durch Oxidation Farbstoffe bilden.
b) Weil sie erst durch Reaktion mit den Haarpigmenten Farbstoffe bilden.
c) Weil es durch chemische Reaktion mit Wasserstoff zur Bildung von Farbe kommt.
d) Weil sich beim Zusammenmischen das Alkali mit dem H_2O_2 zu Farbe verbindet.

64. Warum können Oxidationsfarbstoffe auch in Präparaten, denen kein H_2O_2 zugesetzt zu werden braucht, zu Farbe oxidieren?

a) Diese Präparate enthalten bereits die nötigen Oxidationsmittel.
b) Solche Farbbildner können vom Sauerstoff aus der Luft oxidiert werden.
c) Diese Farbstoffe werden durch den Schwefel des Haarkreatins oxidiert.
d) Die Farbbildner reagieren mit den Fertigfarbstoffen zu Farbe.

65. Welche Aussage trifft auf Färbe- und Colorationsmittel zu?

a) Sie reagieren leicht sauer.
b) Sie enthalten nur Fertigfarbstoffe.
c) Sie enthalten Fertigfarbstoffe und Farbbildner.
d) Sie reagieren immer neutral.

---

66. Worauf beruht die Färbewirkung der Metallsalze?

a) Metallsalze färben die Haare direkt an.
b) Man benötigt immer zwei verschiedene Salze, die sich miteinander zu Farbe verbinden.
c) Metallsalze bauen Haarpigmente ab, so dass nur helle Farbtöne erzielt werden können.
d) Metallsalze reagieren mit Schwefel zu braunen bis schwarzen Metallsulfiden, die das Haar dunkel färben.

---

67. Welchen Nachteil haben die Metallsalzfarben?

a) Sie zerstören bei mehrmaliger Anwendung die Haare.
b) Sie werden beim Haarewaschen sofort wieder entfernt.
c) Bei Behandlung der Haare mit H_2O_2-haltigen Mitteln kann es zu Haarschädigungen kommen.
d) Metallsalzfarben sind sehr teuer.

---

68. Für welchen Zweck finden auch heute die Metallsalzfarben gelegentlich noch Verwendung?

a) Zum Hellerfärben
b) Zum Mattieren von Rottönen
c) In flüssigem Make-up zur Teintfärbung
d) Zum Färben der Augenbrauen und Wimpern

---

69. Wie reagieren Colorations- und Färbemittel?

a) Stark sauer
b) Schwach sauer
c) Neutral
d) Schwach alkalisch

---

70. Welche Aussage über Colorationsmittel ist richtig?

a) Sie sind nur zur Farbauffrischung geeignet.
b) Zur Verarbeitung müssen sie mit Wasser verdünnt werden.
c) Sie müssen meist mit H_2O_2 vermischt werden.
d) Sie können sowohl sauer wie auch neutral eingestellt sein.

---

71. Welche Präparatgruppe ergibt die haltbarere und deckkräftigere Farbveränderung?

a) Tönungsfestiger
b) Tönspülungen
c) Tönungsshampoo
d) Colorationsmittel

---

72. Für welche Fälle sind Färbe- und Colorationsmittel geeignet?

a) Nur zur Farbtonauffrischung
b) Zum Abdecken von Weißhaar
c) Nur für leichte Farbkorrekturen
d) Zum Blondieren von schwarzen Haaren

---

73. Womit können Sie bei Haar mit hohem Weißanteil einen Naturblondton erhalten?

a) Mit einer Tönspülung
b) Mit einer Färbung
c) Mit einer Schaumtönung
d) Mit einem Haarfarbenwiederhersteller

74. Warum enthalten Färbemittel neben Oxidationsfarbstoffen in der Regel auch noch Fertigfarbstoffe?

a) Sie sind zur Entwicklung der Farbbildner notwendig.
b) Sie bestimmen die Farbrichtung (Nuance) des Haares.
c) Sie müssen das Haar vor Schädigungen schützen.
d) Sie sind zur Verstärkung der aufhellenden Wirkung beim Hellerfärben notwendig.

---

75. Was ist <u>kein</u> Bestandteil der üblichen Färbemittel?

a) Alkalisierungsmittel
b) Netzmittel
c) Reduktionsmittel
d) Farbbildner

---

76. Welche Aufgabe hat Wasserstoffperoxid beim Haarfärben?

a) Es quillt das Haar und reguliert den pH-Wert.
b) Es verbessert das Aufziehvermögen und erleichtert das Ausspülen des Färbebreis.
c) Es verhindert das Ablaufen und verbessert die Haftung des Färbebreis.
d) Es oxidiert die Farbbildner zu Farbe und baut einen Teil der Naturpigmente ab.

---

77. Welche Aussage zum Färbevorgang ist <u>falsch</u>?

a) Das Alkali im Färbebrei quillt das Haar.
b) Farbbildner und Oxidationsmittel lassen im Haar die Farbe entstehen.
c) Die Fertigfarbstoffe beeinflussen die Farbrichtung (Nuance) des Haares.
d) Zur Verhinderung einer unterschiedlichen Pigmentierung muss das Oxidationsmittel alle natürlichen Pigmente abbauen.

---

78. Warum sollte der Farbwunsch (Zielfarbe) der Kundin grundsätzlich anhand einer Strähnentafel ermittelt werden?

a) Damit die Kundschaft sieht, wie gut der Salon ausgestattet ist.
b) Weil man dabei gleichzeitig Produktwerbung betreiben kann.
c) Weil man der Kundschaft zeigen sollte, wie groß die Auswahl an Haarfarben ist.
d) Damit geklärt werden kann, welchen Farbton sich die Kundschaft vorstellt oder welcher zu empfehlen ist.

---

79. Warum muss bei manchen Färbemitteln auch der Ergrauungsgrad berücksichtigt werden?

a) Weil die meisten Färbemittel Weißanteile über 30 % nicht abdecken.
b) Bei höheren Weißanteilen muss evtl. dem Modeton Farbe des Grundtons zugemischt werden.
c) Bei höherem Weißanteil wird eine höhere H_2O_2-Konzentration gebraucht.
d) Je höher der Weißanteil ist, um so stärker muss das Färbemittel alkalisiert werden.

80. Was ist beim Färben von porösem Haar zu beachten?

a) Die Aufnahmefähigkeit ist geringer, daher sind längere Einwirkzeiten notwendig.
b) Das Färbemittel wird schneller angenommen, es wirkt schneller.
c) Die dunklen Pigmente finden in den porösen Haarpartien keinen Halt.
d) Die Spitzen erscheinen meist lebhafter gefärbt, weil dort besonders die Orangepigmente gut haften.

81. Was bezweckt man mit dem Vorpigmentieren?

a) Einen intensiveren Blondiereffekt
b) Eine sattere Anfärbung der Ansätze
c) Eine deckkräftigere und sattere Anfärbung der porösen Partien
d) Eine Herabsetzung der Farbaufnahmefähigkeit schwer anfärbbarer Haare

82. Von wem kann der von den Haarfarbenherstellern empfohlene Allergietest durchgeführt werden?

a) Von der Kundschaft selber
b) Von jedem Auszubildenden im Friseurberuf
c) Nur vom Friseurmeister
d) Von Fachärzten

83. Wann ist eine Haarwäsche vor einer Haarfärbung angebracht?

a) Wenn es die Kundschaft wünscht, dann in jedem Fall.
b) Wenn die letzte Haarwäsche länger als zwei Tage zurückliegt.
c) Wenn das Haar vorher nicht dauergewellt wird.
d) Wenn das Haar stark fettig oder sprayverklebt ist.

84. Wo beginnt man bei Dunklerfärbungen mit dem Farbauftrag?

a) An den dunkelsten Stellen am Hinterkopf
b) Immer am Wirbel
c) Am Oberkopf, vom Mittelscheitel ausgehend
d) An den am stärksten ergrauten Stellen

85. Was versteht man unter Hellerfärbung?

a) Eine Aufhellung und Färbung in einem Arbeitsgang.
b) Hellerfärbung bedeutet das Gleiche wie Blondierung.
c) Eine Hellerfärbung ist jede Färbung mit Blondtönen.
d) Von Hellerfärbung spricht man nur bei der Färbung mit blonden Aschtönen.

86. Warum liegen bei Hellerfärbungen die H_2O_2 -Konzentrationen höher als bei normalen Färbungen?

a) Weil besonders viel künstliche Pigmente gebildet werden müssen.
b) Weil neben der Bildung künstlicher Farbstoffe natürliche Pigmente abgebaut werden müssen.
c) Weil mehr Naturpigment abgebaut werden muss als bei einer Blondierung.
d) Weil zur Entwicklung der hellen Pigmente mehr Sauerstoff nötig ist.

87. Wie wirkt es sich aus, wenn die Färbung nach der Dauerwellbehandlung durchgeführt wird?

a) Die Farbaufnahme dauert länger.
b) Die Farbe wird schneller angenommen und wirkt satter.
c) Die Wellung wird ausgeprägter.
d) Die Wellung geht vollständig raus.

---

88. In welchem Fall sollte man z. B. die Dauerwellbehandlung erst nach der Färbung vornehmen (wenn beides unmittelbar nacheinander gemacht werden soll)?

a) Wenn eine besonders kräftige und haltbare Dauerwelle gewünscht wird.
b) Wenn nur ein kurzer Nachwuchs zu färben ist.
c) Wenn empfindliche Rottöne einzufärben sind.
d) Wenn wenig Zeit zur Verfügung steht.

---

89. Wie kann man einer zu starken Beeinträchtigung der Dauerwelle durch eine anschließende Färbung vorbeugen?

a) Durch Verkürzung der Einwirkzeit des Wellmittels
b) Durch Weglassen der Dauerwellfixierung
c) Durch eine Haarkur nach der Färbung
d) Durch eine kräftigere Wellung, z. B. mit kleineren Wicklern

---

90. Durch welchen chemischen Vorgang werden die künstlich gebildeten Farbstoffe beim sauren Farbabzug abgebaut?

a) Durch Reduktion
b) Durch Neutralisation
c) Durch Oxidation
d) Durch Hydration

---

91. Was ist ein Vorteil des sauren Farbabzugs?

a) Er schädigt die Haarstruktur überhaupt nicht.
b) Er ist mehrfach wiederholbar.
c) Es gibt keine unerwünschten Rot- oder Orangetöne.
d) Er eignet sich besonders zur Entfernung älterer Färbungen.

---

92. Welchen Vorteil hat u. a. der alkalische Farbabzug gegenüber dem sauren?

a) Er ist haarschonender.
b) Er kann beliebig oft unmittelbar hintereinander wiederholt werden.
c) Er ermöglicht eine Aufhellung über die ursprüngliche Farbtiefe hinaus.
d) Er kommt viel billiger.

---

93. Welchem Arbeitsverfahren entspricht der alkalische Farbabzug?

a) Hellerfärbung
b) Haarfärbung
c) Blondierung
d) Tönung

---

94. Wann ist ein Farbabzug notwendig?

a) Wenn Metallsalze aus dem Haar zu entfernen sind.
b) Wenn blondiertes Haar einen dunkleren Farbton erhalten soll.
c) Wenn gefärbtes Haar dauergewellt werden muss.
d) Wenn gefärbtes Haar wesentlich heller oder anders gefärbt werden soll.

95. Welche Maßnahme ist zur sofortigen Korrektur einer zu dunkel ausgefallenen Färbung am besten geeignet, wenn das Haar möglichst geschont werden soll?

a) Alkalischer Farbabzug und anschließende Neueinfärbung
b) Hochgradige Hellerfärbung
c) Saurer Farbabzug und anschließende Neueinfärbung
d) Eine dem gewünschten Farbton entsprechende Tonspülung

96. In welchem dieser Fälle ist nur mit einem alkalischen Farbabzug ein befriedigendes Ergebnis zu erreichen?

a) Wenn eine ältere Färbung in einem Rotton um etwa 3 Töne aufgehellt werden muss.
b) Wenn stark poröses Haar aufgehellt werden soll.
c) Wenn frisch eingefärbte Haare aufzuhellen sind.
d) Wenn ein Farbausgleich nötig ist, weil die Farbe nicht gut deckt.

97. Welche Ursache kann es haben, wenn die Färbung zu dunkel geworden ist?

a) Zu hohe H_2O_2-Konzentration
b) Zu kurze Einwirkzeit
c) Zu sparsamer Farbauftrag
d) Falsch gewählter Farbton

98. Warum sollten die Farbwünsche der Kunden nicht in jedem Fall erfüllt werden?

a) Weil Kunden selber keine Ahnung davon haben, was ihnen steht.
b) Weil Kundinnen sowieso nicht wissen, was sie wollen.
c) Weil der Friseur der Kundin zeigen muss, dass nur er beurteilen kann, welche Farbe passt.
d) Weil zu starke Veränderungen des Aussehens der Kundin und zu starke Beeinträchtigungen der Haarstruktur vermieden werden sollten.

99. Was ist <u>nicht</u> zur Vorbeugung gegen Fehler beim Haarfärben geeignet?

a) Ordnungsgemäßes Führen einer Kundenkartei
b) Fachgerechtes Beurteilen der Haare vor der Behandlung
c) Ablehnen nicht zu verantwortender Kundenwunsch
d) Belehrung der Kundin über die chemischen Vorgänge beim Haarfärben

Punkte	0 – 28	29 – 48	49 – 65	66 – 79	80 – 90	91 – 99
Note	6	5	4	3	2	1

Haut

Aufbau der Haut

1. Was ist eine lebenswichtige Aufgabe der Haut?

a) Erröten bei Scham oder Aufregung
b) Nährstoffaufnahme aus kosmetischen Präparaten
c) Gasaustausch (Hautatmung)
d) Regulierung der Körpertemperatur

2. Die Haut ist das größte Organ des Menschen. Welche Fläche hat sie etwa?

a) 0,2 m^2
b) 0,7 m^2
c) 1,2 m^2
d) 1,7 m^2

3. Mit welchem Fachausdruck bezeichnet man die Oberflächengestalt der Haut?

a) Turgor
b) Poren
c) Hautfarbe
d) Hautrelief

4. Was sind die Spaltlinien?

a) Alle Hautfalten zusammen
b) Die schwach ausgeprägten Querfurchen
c) Die stärker ausgebildeten Längsfurchen
d) Die durch die Haut sichtbaren Blutgefäße

5. Wie werden die Talgdrüsenausgänge genannt?

a) Turgor
b) Fibrillen
c) Poren
d) Rezeptoren

6. Was ist gemeint, wenn von einem guten Tonus der Haut die Rede ist?

a) Die Haut ist besonders dick.
b) Die Haut hat einen hohen Fettgehalt.
c) Die Haut hat einen hohen Eiweißgehalt.
d) Die Haut befindet sich in einem elastischen Spannungszustand.

7. Welcher dieser Faktoren wirkt sich überhaupt <u>nicht</u> auf die Hautfarbe aus?

a) Die Rassenzugehörigkeit
b) Die Durchblutung der Haut
c) Die Blutgruppe
d) Die Pigmentierung

8. Wo sind die Hauptschichten der Haut richtig angeführt?

a) Oberhaut, Bindehaut, Lederhaut
b) Hornschicht, Körnerschicht, Zellenschicht
c) Oberhaut, Lederhaut, Unterhaut
d) Oberhaut, Lederhaut, Hornhaut

9. Wie lautet der Fachausdruck für die Oberhaut?

a) Epidermis
b) Corium
c) Cutis
d) Subcutis

10. Wie heißt die mit A bezeichnete Schicht der Oberhaut?

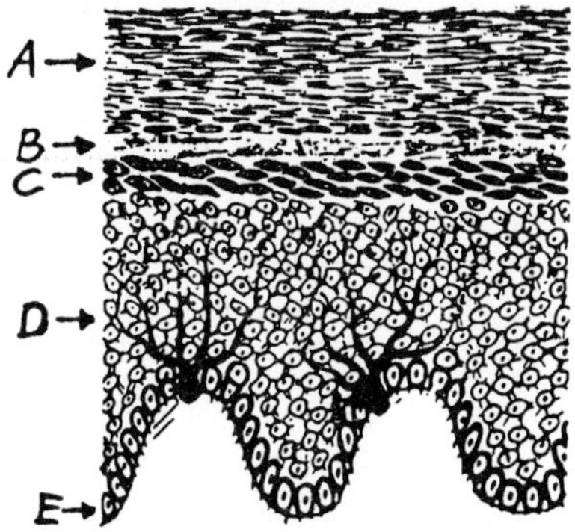

a) Leuchtschicht
b) Hornschicht
c) Basalzellenschicht
d) Körnerzellenschicht

---

11. Welcher Buchstabe bezeichnet bei 10. die Stachelzellenschicht?

a) A
b) B
c) C
d) D

---

12. Wie werden Horn-, Leucht- und Körnerzellenschicht zusammenfassend genannt?

a) Wachstumszone
b) Zellteilungszone
c) Keimzone
d) Verhornungszone

---

13. Welcher wichtige Vorgang findet in der Basalzellenschicht statt?

a) Bildung von Hornschüppchen
b) Verhornung der Epidermiszellen
c) Bildung der Epidermiszellen durch Zellteilung
d) Abstoßung der Hornschüppchen

---

14. Wie lange dauert es etwa, bis eine neugebildete Zelle alle Schichten der Oberhaut durchwandert hat und als Hornschüppchen abgestoßen wird?

a) 4 Stunden
b) 4 Tage
c) 4 Wochen
d) 4 Monate

---

15. Aus welcher Art von Zellen besteht die Oberhaut?

a) Aus Bindegewebszellen
b) Aus Deckzellen
c) Aus Muskelzellen
d) Aus Knorpelzellen

---

16. Welche Schichten bilden die Keimzone der Oberhaut?

a) Hornschicht und Leuchtschicht
b) Leuchtschicht und Körnerzellenschicht
c) Körnerzellenschicht und Stachelzellenschicht
d) Stachelzellenschicht und Basalzellenschicht

---

17. Die Keimzone ist wasserreich. Welche Auswirkung hat das?

a) Sie lässt dadurch Fettstoffe gut in die Haut eindringen.
b) Sie bildet eine Abwehrschranke gegen Fettstoffe.
c) Sie hält alle wasserlöslichen Stoffe ab.
d) Sie verhindert ein Austrocknen des Unterhautfettgewebes.

18. Was kann den Wasser- und Fettgehalt der Oberhaut verringern?

a) Starkes Schwitzen
b) Aufenthalt in feuchter Luft
c) Häufiger Hautkontakt mit Haarkurmitteln
d) Aufenthalt in sehr trockener Luft

---

19. Wie heißt der obere Bereich der Lederhaut?

a) Hornschicht
b) Basalschicht
c) Netzschicht
d) Papillarschicht

---

20. Was ist <u>kein</u> Bestandteil der Lederhaut?

a) Gewellte Fasern
b) Elastische Fasern
c) Bindegewebszellen
d) Deckzellen

---

21. Woraus bestehen die gewellten Fasern der Lederhaut?

a) Aus Keratin
b) Aus Carotin
c) Aus Kollagen
d) Aus Melanin

---

22. Welche für den Zustand der Haut wichtige Eigenschaft hat das Kollagen der Lederhaut?

a) Es kann Fettstoffe anlagern und dadurch ein Nährstoffreservoir bilden.
b) Es wehrt Krankheitserreger ab und schützt dadurch die Haut.
c) Es kann Wasser binden und ist dadurch mitverantwortlich für den Spannungszustand der Haut.
d) Es ermöglicht das Eindringen von Wirkstoffen.

---

23. Aus welcher Art von Körpergewebe besteht die Lederhaut hauptsächlich?

a) Aus Bindegewebe
b) Aus Muskelgewebe
c) Aus Knorpelgewebe
d) Aus Deckgewebe

---

24. Wie heißen die zapfenartigen Erhebungen der Lederhaut, durch die sie mit der Oberhaut verzahnt ist?

a) Melanozyten
b) Haarfollikel
c) Hautpapillen
d) Fibrillen

---

25. Welche Aussage über die Anordnung der Blutgefäße in der Haut ist richtig?

a) Es ist kein Ordnungssystem erkennbar.
b) Die Arterien sind in der Gefäß- und die Venen in der Netzschicht angeordnet.
c) Die Arterien liegen in der Netz- und die Venen in der Papillarschicht.
d) Die Gefäßsysteme bilden übereinanderliegende Netze,die durch senkrecht verlaufende Gefäße miteinander verbunden sind.

---

26. Welche Aussage über die Hautnerven ist <u>falsch</u>?

a) Die Hautnerven reichen nur bis in die Subcutis.
b) Die meisten Nerven enden in der Lederhaut.
c) Freie Nervenendigungen reichen vereinzelt auch in die Epidermis hinein.
d) Die Nervenendigungen unterscheiden sich in Form und Struktur.

27. Welche Aussage trifft auf die apokrinen Schweißdrüsen nicht zu?

a) Sie werden auch Duftdrüsen genannt.
b) Sie liegen tiefer in der Haut.
c) Sie münden in den Haarfollikel.
d) Ihr Sekret ist völlig geruchlos.

28. An welchen Körperstellen sind die Talgdrüsen besonders groß und zahlreich?

a) An den Handflächen und Fußsohlen
b) An den Unterarmen und Händen
c) In den Achselhöhlen
d) Um Mund und Nase und an der Stirn

29. Welche Hautschicht ist mit B bezeichnet?

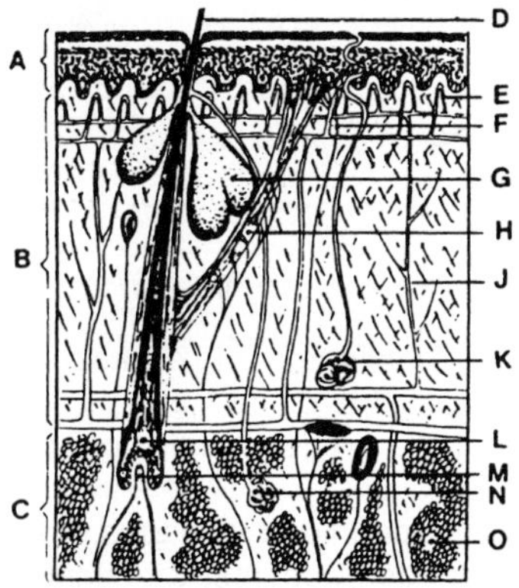

a) Unterhautfettgewebe
b) Oberhaut
c) Papillarschicht
d) Lederhaut

30. Welches Gebilde ist bei 29. mit H bezeichnet?

a) Talgdrüse
b) Schweißdrüse
c) Haarbalgmuskel
d) Blutgefäße

31. Mit welchem Buchstaben ist bei 29. die ekkrine Schweißdrüse bezeichnet?

a) K
b) L
c) M
d) N

32. Welcher Buchstabe bezeichnet bei 29. die Talgdrüse?

a) G
b) H
c) I
d) K

33. Mit welchem Begriff werden Oberhaut und Lederhaut zusammengefasst?

a) Corium
b) Cutis
c) Subcutis
d) Epidermis

34. Wie ist die Subcutis beschaffen?

a) Sie besteht aus Deckgewebe.
b) Sie besteht aus Bindegewebe.
c) Sie besteht nur aus Knorpelzellen.
d) Sie besteht aus lockerem, von Fettzellen durchsetztem Bindegewebe.

35. Welcher Fachausdruck wird für den Hauttalg auch verwendet?

a) Corium
b) Sebum
c) Oleum
d) Oleosa

Aufgaben (Funktionen) der Haut

36. Was hat für den Schutz gegen mechanische Einwirkungen keine Bedeutung?

a) Die Hornschicht der Oberhaut
b) Der Fett-Wasser-Film auf der Haut
c) Die Pigmentierung der Oberhaut
d) Das elastische Bindegewebe der Lederhaut

37. Warum wird der sauer reagierende Fett-Wasser-Film auf der Haut auch Pufferschutzhülle genannt?

a) Weil er Stöße und Druck abfangen kann.
b) Weil er alle schädlichen Stoffe von der Haut fernhält.
c) Weil er die Haut vor allen starken Säuren und Laugen schützt.
d) Weil er die hautschädigende Wirkung von Säuren und Laugen mildern kann.

38. Was hat keine Bedeutung für den Schutz der Haut vor Krankheitserregern?

a) Der sauer reagierende Fett-Wasser-Film auf der Haut
b) Der Wassergehalt der Keimzone
c) Die ständige Abschilferung der Oberhaut
d) Die Wasserarmut der Hornschicht

39. Welche Hautreaktion dient dem Schutz vor UV-Strahlung?

a) Verringerung der Hautdurchblutung
b) Verminderung der Schweißsekretion
c) Verminderung der Talg- und der Schweißsekretion
d) Verstärkte Pigmentbildung

40. Was ist die so genannte Lichtschwiele?

a) Verdickung der ganzen Haut durch verstärkte Beanspruchung
b) Verdickung der Epidermis durch Einwirkung von UV-Strahlung
c) Bläschenbildung auf der Haut als Folge eines Sonnenbrandes
d) Aus der Haut hervorgehobene Pigmentflecken

41. Was ist eine nützliche Reaktion, die vom UV-Licht in der Haut ausgelöst wird?

a) Entstehung eines Erythems
b) Bildung des Vitamins D
c) Verringerung der Elastizität des Bindegewebes
d) Verringerung des Wassergehalts

42. Wodurch kann die Haut die Wärmeabgabe des Körpers steigern?

a) Durch Verringerung der Durchblutung und der Talgsektretion
b) Durch Verstärkung der Durchblutung und der Schweißsekretion
c) Durch Verringerung der Talg- und Schweißsekretion
d) Durch Verstärkung der Pigmentbildung

43. Welche Aussage zur „Hautatmung" trifft zu?

a) Der vom Körper benötigte Sauerstoff wird allein durch die Haut aufgenommen.
b) Die Hautatmung spielt für den Gasaustausch überhaupt keine Rolle.
c) Das ganze im Körper entstehende Kohlen dioxid wird durch die Haut abgegeben.
d) Der Gasaustausch durch die Haut beträgt nur etwa 1 % der Lungenatmung.

44. Welcher Fachausdruck bezeichnet die Wirkstoffaufnahme durch die Haut?

a) Resorption
b) Adaption
c) Transpiration
d) Sekretion

45. Welche Aussage zur Wirkstoffaufnahme durch die Haut trifft <u>nicht</u> zu?

a) Die Barriere in der Epidermis erschwert bestimmten Stoffen das Eindringen in die Haut.
b) Manche Wirkstoffe können z. B. durch die Wandungen der Talg- und der Schweißdrüsen in die Haut gelangen.
c) Für Kosmetika kommen nur Wirkstoffe in Frage, die die Oberhaut durchdringen und vom Blut aufgenommen werden können.
d) Das Ernähren der Haut durch Wirkstoffaufnahme aus Kosmetika ist nicht möglich.

46. Was verstehen wir unter Adaption?

a) Die Abgabe von Schweiß durch die Haut
b) Die Absonderung von Talg durch die Talgdrüsen
c) Die Einlagerung von Fettstoffen in die Oberhaut
d) Die Anpassung der Nervenreizschwelle an die jeweiligen Bedingungen

Störungen der Hautfunktionen, Hautmängel und -krankheiten

47. Wie nennt man die durch Talgstauungen verursachten kleinen Erhebungen mit den an der Oberfläche dunkel gefärbten Talgpfropfen?

a) Milien
b) Vitiligo
c) Komedonen
d) Akne

48. Wie sollte die Haut zur Komedonenentfernung vorbereitet werden?

a) Mit Fettcreme eincremen
b) Mit Blaulicht bestrahlen
c) Eine Peelingbehandlung durchführen
d) Dampfbehandlung oder feucht-warme Kompressen anwenden

49. Wie sollen Gesichtswässer oder Gesichtspackungen, die nach der Komedonenentfernung angewandt werden, wirken?

a) Adstringierend und desinfizierend
b) Wärmend und durchblutungsfördernd
c) Alkalisierend und quellend
d) Neutralisierend und oxidierend

50. Was sind Merkmale der Akne?

a) Gestaute und verhärtete Talgpfropfen
b) Stecknadelkopfgroße, mit verhorntem Zellmaterial gefüllte Zysten
c) Eitrige Bläschen (Pusteln) durch entzündete Talgdrüsen
d) Übermäßige Verhornung der Oberhaut

---

51. Welche Verhaltensregel ist für einen Aknepatienten <u>nicht</u> angebracht?

a) Vitaminreich essen
b) Alkohol und Nikotin meiden
c) Haut und Haare sorgfältig pflegen
d) Sonne und Höhensonne meiden

---

52. Wie lautet der Fachausdruck für die Weißfleckenkrankheit?

a) Chloasma
b) Verrucae
c) Vitiligo
d) Teleangiektasie

---

53. Wie ist die Weißfleckenkrankheit richtig beschrieben?

a) Helle Haut durch zu viele weiße Blutkörperchen
b) Unregelmäßige, scharf begrenzte weiße (unpigmentierte) Flecken
c) Graugelbe bis bräunliche Flecken im Gesicht während einer Schwangerschaft
d) Hautwucherungen mit hellen, höckrigen Oberflächen

---

54. Warum bewirken bei der Weißfleckenkrankheit auch UV-Bestrahlungen keine Bräunung der weißen Hautflecken?

a) Weil an diesen Stellen zu wenig oder gar kein Pigment gebildet wird.
b) Weil eine Blutkrankheit die Ursache ist.
c) Weil die Flecken durch eine unregelmäßige Dicke des Unterhautfettgewebes hervorgerufen werden.
d) Weil die Flecken durch einen ererbten Hormonmangel verursacht werden.

---

55. Wie nennt man den ererbten oder angeborenen Pigmentmangel, bei dem die gesamte Haut milchigweiß aussieht und auch die Haare weiß sind?

a) Albinismus
b) Mikrosporie
c) Alopezie
d) Chloasma

---

56. Warum sollten Sie Kunden einem Arztbesuch raten, wenn Sie beobachten, dass ein „Leberfleck" („Muttermal") größer wird?

a) Es könnte sich daraus ein Blutschwamm entwickeln.
b) Der Arzt muss verhindern, dass der Fleck zu groß wird und kosmetisch stört.
c) Eine ärztliche Behandlung ist notwendig, weil sonst ein Feuermal daraus entstehen könnte.
d) Es könnte sich um eine bösartige Wucherung (Hautkrebs) handeln.

---

57. Was ist ein malignes Melanom?

a) Ein bösartiges Muttermal („Schwarzer Krebs")
b) Eine Schwiele
c) Ein Hühnerauge
d) Ein gutartiges Muttermal

58. Wie sind Milien richtig beschrieben?

a) Großflächige Verdickungen der Epidermis
b) Entzündete Haarfollikel
c) Durch verhärtete Talgpfropfen verstopfte Talgdrüsen
d) Nichtentzündliche, stecknadelkopfgroße, weißgelbe, harte Körnchen in der Haut

59. Wie werden Milien auch genannt?

a) Mitesser, Pickel
b) Pusteln, Papeln
c) Hautgrieß, Grießkörner
d) Hühneraugen

60. Wie werden Milien fachgerecht entfernt?

a) Durch Ausdrücken mit den Fingern
b) Durch Aufritzen der Haut mit einem Spezialmesserchen (Skalpell)
c) Mit dem Komedonenquetscher
d) Nach Erweichen der Haut mit Dampfbehandlung lösen sie sich von selber.

61. Wodurch werden Warzen hervorgerufen?

a) Durch Bakterien
b) Durch Hautpilze
c) Durch übermäßige UV-Bestrahlung
d) Durch bestimmte Viren

62. Was sind Teleangiektasien?

a) Pigmentflecken
b) Angeborener Pigmentmangel
c) Erweiterte, rötlich bis bläulich durch die Haut schimmernde Blutgefäße
d) Präparate zum Abdecken von Hautmängeln

63. Welche Aussage trifft auf die so genannten Äderchenzeichnungen zu?

a) Als Ursache kommt u. a. anlagebedingte Gefäßschwäche in Frage.
b) Mit zunehmendem Alter verschwinden sie.
c) Sie werden allein durch Witterungseinflüsse (Sonne,Wind) verursacht.
d) Beim Aufenthalt in kalter Luft verschwinden sie von selber.

64. Wie werden die bis zu mehreren Zentimetern großen, auch am behaarten Kopf auftretenden Talgysten genannt?

a) Grießkörner
b) Talgschwämme
c) Rosacea
d) Grützbeutel

65. Was bedeutet der Fachbegriff „Dermatitis“?

a) Überempfindlichkeit der Haut
b) Trockene Haut
c) Fettige Haut
d) Hautentzündung

66. Wie lautet der Fachbegriff für die Schuppenflechte?

a) Sycosis
b) Psoriasis
c) Trichophytie
d) Rosacea

67. Welche Beschreibung trifft auf die Schuppenflechte zu?

a) Starke Schuppenbildung, die nur am Kopf vorkommt
b) Nichtentzündliche Hautanomalie mit trockener Haut, auf der sich feine Schüppchen zeigen
c) Gerötete und erhabene, mit Schuppen bedeckte Stellen, die entzündlich gerötet sind und beim Abkratzen der Schuppen Blutpunkte zeigen
d) Stets im Kindesalter auftretende und sich über den ganzen Körper ausbreitende Schuppenherde

68. Was weiß man über die Ursache der Schuppenflechte?

a) Sie ist eine ansteckende Hautpilzerkrankung.
b) Sie wird durch einen übertragbaren Virus ausgelöst.
c) Sie entsteht durch falsche oder ungenügende Pflege schuppiger Kopfhaut.
d) Es handelt sich um eine erblich bedingte Verhornungsstörung mit krankhaft beschleunigter Verhornung der Epidermis.

69. Welche Aussage über die Behandlung der Schuppenflechte ist richtig?

a) Sie lässt sich mit den üblichen Schuppenshampoos heilen.
b) Auf der Kopfhaut ist sie nur zu heilen, wenn Spezialshampoos und Haarkuren über längere Zeit angewandt werden.
c) Mit speziellen, vom Arzt zu verordnenden Salben kann die Schuppenflechte schnell und auf Dauer geheilt werden.
d) Mit Medikamenten, Bestrahlungen und besonderen Kuren erreicht man heute fast immer zumindest eine vorübergehende Besserung.

Punkte	0 – 20	21 – 34	35 – 46	47 – 56	57 – 64	65 – 69
Note	6	5	4	3	2	1

Kosmetik

Nagelpflege

1. Wie lautet der Fachausdruck für die Pflege der Hand und der Fingernägel?

a) Pediküre
b) Maniküre
c) Walküre
d) Make-up

2. Wo sind die Abschnitte des Handskeletts richtig aufgezählt?

a) Handwurzel, Grundglieder, Finger
b) Mittelhand, Handwurzel, Nagelglied
c) Finger, Grundglieder, Nagelglieder
d) Handwurzel, Mittelhand, Finger

3. Welcher Buchstabe bezeichnet das Möndchen?

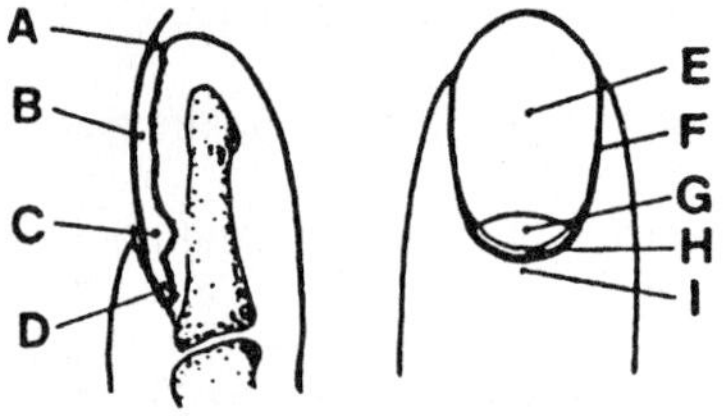

a) A
b) B
c) G
d) H

4. Welcher Buchstabe bezeichnet bei 3. den Nagelwall?

a) E
b) F
c) G
d) I

5. Welcher Bestandteil des Nagels ist bei 3. mit D bezeichnet?

a) Nagelwurzel
b) Nagelbett
c) Nagelhaut
d) Nagelfalz

6. Wie heißt der bei 3. mit H gekennzeichnete Nagelbestandteil?

a) Nagelsaum
b) Nagelhaut
c) Nagelspitze
d) Nagelmond

7. Von wo geht das Längenwachstum des Nagels aus?

a) Vom Möndchen
b) Vom Nagelbett
c) Vom Nagelwall
d) Von der Nagelwurzel

8. Was ist eine häufige Ursache von spröden, brüchigen Fingernägeln?

a) Lufteinschlüsse in der Nagelplatte
b) Beschädigung des Nagels durch scharfe Gegenstände
c) Kontakt mit stark entfettenden Mitteln wie Wellmittel oder Putzmittel
d) Zu starkes Zurückschieben der Nagelhaut

Kosmetik

9. Welche Aussagen über Längsrillen der Fingernägel ist richtig?

a) Sie entsteht durch unregelmäßige Papillarschicht, besonders bei älteren Menschen.
b) Längsrillen sind immer ein Zeichen von Vitaminmangel.
c) Sie sind eine Begleiterscheinung der Seborrhö.
d) Längsrillen weisen eindeutig auf eine falsche Ernährung hin.

10. Warum ist der Nagellack beim Entfernen zur Spitze hin abzuziehen?

a) Weil sich der Nagellack nur bei dieser Arbeitsweise löst.
b) Damit der Nagel nicht entfettet wird.
c) Damit keine Lackreste in den Nagelfalz oder unter das Nagelhäutchen gelangen.
d) Damit der Nagel gleichzeitig gefettet wird.

11. Welche Regel gilt für das Formen der Nägel?

a) Die Nagelfeile wird schräg von unten angesetzt und zur Spitze geführt.
b) Es wird immer schräg von oben nach unten gefeilt.
c) Es ist in langen Zügen von der Spitze zu den Ecken zu feilen.
d) Die Nägel werden grundsätzlich mit der Nagelzange geformt.

12. Welchen Zweck hat das Nagelbad?

a) Reinigen des Nagelsaums
b) Erweichen der Nagelhaut
c) Erweichen der Nagelplatte
d) Reinigen des Nagelfalzes

13. Welches Mittel hat als Zusatz zum Nagelbad desinfizierende und hautbleichende Wirkung?

a) Shampoo
b) Geschirrspülmittel
c) Glycerin
d) Wasserstoffperoxid

14. Aus welchem Grund wird die Nagelhaut manchmal noch eingecremt?

a) Um sie vor dem Austrocknen zu schützen.
b) Um die Haftfähigkeit des Lacks zu verbessern.
c) Um den Nagelwall zu erweichen.
d) Um den Nagellack vom Möndchen fernzuhalten.

15. Wozu wird das „Pferdefüßchen" benützt?

a) Zum Entfernen des Nagellacks
b) Zum Säubern des Nagelsaums
c) Zum Auftragen des Nagellacks
d) Zum Zurückschieben der Nagelhaut

16. Warum ist es günstiger, die Nagelhaut mit Nagelhautentferner zu beseitigen, anstatt sie wegzuschneiden?

a) Es ist billiger.
b) Es tut nicht so weh.
c) Sie wächst nicht so schnell nach.
d) Es kommt nicht so leicht zu Verletzungen.

17. Welchen Zweck hat die Nachbehandlung mit einem sauren Mittel, z. B. Haarkur, nach der Anwendung eines Nagelhautentferners?

a) Bessere Haftfähigkeit des Nagellacks
b) Alkalisierung des Nagellacks
c) Verhinderung einer Nagelerweichung
d) Neutralisation von Alkalirückständen aus dem Nagelhautentferner

18. Wie geht man beim Lackauftrag vor?

a) Den Pinsel von der Spitze zum Möndchen führen
b) Den Pinsel vom Nagelwall zur Spitze führen
c) Den Pinsel vom Möndchen zur Spitze ziehen
d) Den Pinsel in der Nagelmitte aufsetzen, zuerst zum Möndchen schieben und dann zur Spitze ziehen

19. Wie erreicht man eine gut haftende und glatte Lackierung?

a) Lack in einer dicken Schicht auftragen
b) Lack in zwei bis drei dünnen Schichten auftragen
c) Zwei dicke Lackschichten auftragen
d) Die zweite Schicht auftragen, bevor die erste trocken ist

20. Wie kann man zu breite Nägel mit dem Lackauftrag so korrigieren, dass sie schmaler erscheinen?

a) Dunkleren Lack verwenden
b) Pastellfarbenen Lack verwenden
c) Möndchen nicht lackieren
d) Beidseitig Ränder unlackiert lassen

21. Wie sind die bei der Maniküre benutzten Geräte nach jeder Behandlung zu pflegen?

a) Mit kaltem Wasser abspülen
b) Mit feuchtem Tuch abwischen
c) Einige Minuten in Shampoolösung legen
d) Mit geeigneten Mitteln oder Maßnahmen desinfizieren und reinigen

Die kosmetische Behandlung

22. Was sollte ein Grundanliegen jeder fachgerechten Kosmetik sein?

a) Möglichst ausgiebig von farbigen Kosmetika Gebrauch zu machen
b) Die Haut zu pflegen, um sie schön, gesund und funktionsfähig zu erhalten
c) Die Behandlung von Hautkrankheiten zu übernehmen, um die Hautärzte zu entlasten
d) Hautausschläge zu behandeln und zu heilen

23. Welcher Umstand könnte sich auf die Kosmetik allgemein und besonders auf die Anwendung kosmetischer Präparate ungünstig auswirken?

a) Das Zusammenwirken der Kosmetik mit der Hautmedizin
b) Die zunehmende Berufstätigkeit der Frauen
c) Das wachsende Misstrauen gegen die Anwendung chemischer Produkte zur Hautpflege
d) Die Zusammenarbeit der Kosmetik mit der Pharmazie

24. Was ist keine Voraussetzung für natürliche Schönheit?

a) Ausreichender Schlaf
b) Sorgfältige Haut- und Haarpflege
c) Kohlenhydrat- und fettreiche Ernährung
d) Viel Bewegung, möglichst in frischer Luft

25. Wie lautet das Fremdwort für den Bereich der Medizin, der sich mit der Hautheilkunde beschäftigt?

a) Urologie
b) Orthopädie
c) Pharmazie
d) Dermatologie

26. Welche dieser Maßnahmen gehört zur pflegenden Kosmetik?

a) Auftragen von Make-up
b) Anlegen von Lidschatten
c) Abdecken von Sommersprossen
d) Anwenden von Gesichtspackungen

---

27. Welche Aufgabe kann die schmückende Kosmetik nicht erfüllen?

a) Ausgleichen von Hautmängeln
b) Optisches Ausgleichen von Mängeln der Gesichtsform
c) Verhindern von Gesichtsfalten
d) Korrektur der Lippenformen

---

28. Wie kann für „schmückende Kosmetik" auch gesagt werden?

a) Prophylaktische Kosmetik
b) Apparative Kosmetik
c) Präparative Kosmetik
d) Dekorative Kosmetik

---

29. Welcher Fachausdruck bezeichnet das Abdecken oder optische Ausgleichen von Hautmängeln?

a) Make-up
b) Camouflage
c) Tamburieren
d) Maquillage

---

30. Warum sollte die Kosmetikerin Grundkenntnisse der Biologie besitzen?

a) Damit sie Hautkrankheiten behandeln kann.
b) Biologiekenntnisse sind für die Typberatung unerlässlich.
c) Damit sie Präparate und Behandlungsverfahren richtig auswählen kann.
d) Damit sie der Kundin alle Krankheiten genau erklären kann.

---

31. Was passt <u>nicht</u> zu einer verantwortungsbewussten Kosmetikerin?

a) Tadellos saubere Arbeitskleidung
b) Gepflegtes Aussehen
c) Ausgeglichenes Wesen
d) Hektische Betriebsamkeit

---

32. Was gehört <u>nicht</u> zur Information der Kosmetikerin für die Vorbereitung einer kosmetischen Behandlung?

a) Vorgespräch mit der Kundin über ihre Hautprobleme
b) Führung und Nutzung einer Kundenkartei
c) Betrachten der Haut
d) Ausfragen der Kundin über die Preise in anderen Kosmetiksalons

---

33. Welchen Zweck hat das Vorgespräch im Rahmen der Hautbeurteilung, besonders bei einer neuen Kundin?

a) Dadurch soll sich die Kosmetikerin über alle Krankheiten der Kundin genau informieren.
b) Die Kosmetikerin soll damit den Kontakt mit der Kundin herstellen und sich über die Hautprobleme der Kundin informieren.
c) Es soll der Kundin Gelegenheit zu einer ausgiebigen Unterhaltung über ihre privaten Probleme gegeben werden.
d) Es soll der Kosmetikerin die Führung einer Kundenkartei erspart werden.

34. Welche Information über die Kundin ist für die kosmetische Behandlung ohne Bedeutung?

a) Waschmittelverträglichkeit bei der Kundin
b) Allergien der Kundin
c) Schilddrüsenerkrankung der Kundin
d) Familienstand der Kundin

35. Warum sollte die Haut zur Beurteilung frei von Make-up und Hautcreme, aber nicht unmittelbar vorher gereinigt worden sein?

a) Damit die Kosmetikerin auch die Hautreinigung berechnen kann.
b) Damit die wesentlichen Merkmale und Funktionen der Haut richtig beurteilt werden können.
c) Damit die Reinigung der Haut keinen so großen Aufwand erfordert.
d) Damit die Kosmetikerin ihre Präparate verkaufen kann.

36. Welches Hilfsmittel dient zur genauen Untersuchung des Hautreliefs?

a) Plastikspatel
b) Objektträger
c) Lupenlampe
d) Rotlichtlampe

37. Warum ist die Beachtung des Porenbildes bei der Hautbeurteilung wichtig?

a) Man erkennt daran die Pigmentierung der Haut.
b) Es gibt Aufschluss über die Durchblutung der Haut.
c) Es ermöglicht Rückschlüsse auf die Epidermisdicke und damit auf den Hauttyp.
d) Große Poren bedeuten immer trockene Haut.

38. Was prüft man mit der so genannten Hautbeschreibung?

a) Die Hautdurchblutung
b) Die Pigmentierung
c) Die Schweißsekretion
d) Die Reizempfindlichkeit

39. Wie lautet der Fachausdruck für Hautschreibung?

a) Dermographismus
b) Diaskopie
c) Hautdiagnose
d) Prognose

40. Was bedeutet es, wenn bei der Hautschreibung eine länger anhaltende Rötung oder Blässe der Hautstellen auftritt?

a) Schwache Hautdurchblutung
b) Starke Hautdurchblutung
c) Erhöhte Reizempfindlichkeit
d) Ungenügende Pigmentierung

41. Warum haben aufwändige Untersuchungen der Hautfunktionen nur einen Sinn, wenn sie von einer gut ausgebildeten und erfahrenen Kosmetikerin vorgenommen werden?

a) Nur sie kann die Feststellungen richtig deuten und verwerten.
b) Nur sie kann Hautkrankheiten erkennen und behandeln.
c) Nur sie kann die komplizierten Untersuchungsmethoden anwenden.
d) Nur sie kennt und versteht die in der Medizin gebräuchlichen Fachausdrücke.

42. Was ist für die Zuordnung zu einem bestimmten Hauttyp am wichtigsten?

a) Die Pigmentierung der Haut
b) Die Sekretion der Schweißdrüsen
c) Die Talgdrüsensekretion
d) Die Durchblutung der Subcutis

43. Welche Haut hat einen reinen Teint, ist feinporig, gut durchblutet und zeigt bei mäßiger Fettung einen matten Glanz?

a) Trockene Haut
b) Normale Haut
c) Fettige Haut
d) Alternde Haut

---

44. Welche Eigenschaften kennzeichnen die trockene Haut?

a) Feinporig, unempfindlich, matt glänzend
b) Feinporig, reizempfindlich, glanzlos
c) Großporig, stark schuppend, elastisch
d) Großporig, fettig glänzend, unrein

---

45. Mit welchem Fachausdruck bezeichnet man den Hauttyp, für den große Poren, auffallender Fettglanz und die Neigung zu Hautunreinheiten typisch sind?

a) Seborrhö oleosa
b) Seborrhö sicca
c) Sebostase
d) Mischhaut

---

46. Bei welchem Personenkreis kommt die fettige Haut besonders häufig vor?

a) Bei allen Mädchen
b) Bei älteren Frauen
c) Bei jungen Menschen
d) Bei älteren Menschen

---

47. Wie nennt man die oft mit der Hautalterung verbundene Verdünnung der Epidermis und Verkümmerung des Bindegewebes der Lederhaut?

a) Atrophie
b) Seborrhö
c) Adaption
d) Diaskopie

---

48. Welchen Vorteil haben Reinigungsschäume mit synthetischen WAS gegenüber normalen Seifen?

a) Sie sind leichter anwendbar.
b) Sie sind billiger.
c) Sie reagieren stärker alkalisch.
d) Sie reagieren nicht alkalisch.

---

49. Welches Reinigungsmittel ist außer den speziellen Augen-Make-up-Entfernern zur Entfernung des Augen-Make-ups geeignet?

a) Reinigungscreme
b) Reinigungsschaum
c) Reinigungsmilch
d) Gesichtswasser

---

50. Warum wird auch die Gesichtsreinigung schon mit einer Massage verbunden?

a) Weil nur so eine gleichmäßige Verteilung des Reinigungsmittels zu erreichen ist.
b) Damit eine eigene Massage erspart bleiben kann.
c) Damit das Reinigungsmittel anschließend leichter abzunehmen ist.
d) Damit das Reinigungsmittel intensiver wirkt und eine gründlichere Reinigung erfolgt.

---

51. Die meisten Gesichtswässer enthalten Ethanol oder Isopropanol. Welche Eigenschaft dieser Alkohole ist für die Reinigungswirkung entscheidend?

a) Die kühlende Wirkung
b) Das Fettlösevermögen
c) Die durchblutungsfördernde Wirkung
d) Der angenehme Duft

52. Bis zu wie viel Prozent Alkohol sollte ein Gesichtswasser, das für trockene, empfindliche oder alternde Haut verwendet wird, höchstens enthalten?

a) Bis 10 %
b) Bis 20 %
c) Bis 50 %
d) Bis 70 %

---

53. Zu welchem Emulsionstyp zählt Reinigungsmilch?

a) Zum Ö/W-Typ
b) Zum W/Ö-Typ
c) Zum (Ö/W)/Ö-Typ
d) Zum (W/Ö)/W-Typ

---

54. Was erreicht man mit dem so genannten Peeling?

a) Entfernung von Komedonen
b) Abdeckung von Teleangiektasien
c) Ablösung der oberen verhornten Zellagen
d) Korrektur der Gesichtsform

---

55. Mit welcher Maßnahme kann die Aufnahmefähigkeit der Haut für Wirk- und Pflegestoffe erhöht werden?

a) Mit kalten Kompressen
b) Mit einer Peeling-Behandlung
c) Durch Blaulichtbestrahlung
d) Durch Anwendung von Gesichtswasser

---

56. Was versteht man unter einer „manuellen“ Massage?

a) Massage der Finger und Hände im Rahmen der Maniküre
b) Eine mit den Händen durchgeführte Massage
c) Eine Massage mit dem Schleif- oder Bürstengerät
d) Eine Reizstrommassage

---

57. Warum wird in der Kosmetik meist die manuelle Massage bevorzugt?

a) Weil dafür keine teuren Geräte benötigt werden.
b) Weil nur damit die Durchblutung verbessert werden kann.
c) Weil sie ein besseres Anpassen an die individuellen Gegebenheiten des Gesichts ermöglicht.
d) Weil nur mit der manuellen Massage Gesichtsfalten beseitigt werden können.

---

58. Was kann von der kosmetischen Massage nicht erwartet werden?

a) Verbesserung der Hautelastizität
b) Förderung der Durchblutung
c) Beruhigung und Entspannung
d) Beseitigung ausgeprägter Falten und Fettpolster

---

59. Worauf sollte die Kosmetikerin während der Massage achten?

a) Sie sollte sich mit der Kundin unterhalten, damit diese sich nicht langweilt.
b) Sie sollte die Zeit für ein Verkaufsgespräch nutzen.
c) Sie soll ständig zumindest mit einer Hand mit der Kundin in Kontakt bleiben.
d) Sie soll Musik anstellen, weil nur dann eine Entspannung möglich ist.

60. Welche Wirkung wird von einer mit nur leichtem Druck ausgeführten Streichmassage erwartet?

a) Förderung der Muskeldurchblutung
b) Anregung aller Hautfunktionen
c) Abbau von Fettablagerungen in der Subcutis
d) Beruhigung und Entspannung

---

61. Wie nennt man die in kleinen Kreisbewegungen mit den Fingerkuppen unter Druck ausgeführte Massage?

a) Streichmassage
b) Knetmassage
c) Walkmassage
d) Friktionsmassage

---

62. Bei welcher Massageart kommt es darauf an, die Haut mit fest aufgesetzten Fingerkuppen gegen die Schädelknochen zu verschieben?

a) Bei der Streichmassage
b) Bei der Knet- und Walkmassage
c) Bei der Klopfmassage
d) Bei der Bindegewebsmassage

---

63. Welchen Zweck haben Massagemittel (Cremes, Öle)?

a) Die Entspannung der Kundin zu ermöglichen
b) Der Haut Nährstoffe zuzuführen
c) Die Gleitfähigkeit der Haut zu erhöhen
d) Die Haut zu reinigen

---

64. Was kann ein Vorteil bei der Anwendung von Massageapparaten sein?

a) Für den Umgang mit solchen Apparaten sind keine Fachkenntnisse notwendig.
b) Sie sind für alle Massagezwecke geeignet.
c) Sie können ohne Einschränkung bei jeder Kundin und bei jedem Hauttyp eingesetzt werden.
d) Mit manchen Geräten lässt sich ein intensiverer Massageeffekt erzielen als mit der manuellen Massage.

---

65. Welche Aufgaben sollen z. B. kalte Kompressen, Packungen oder Gesichtswässer als Abschlussbehandlung nach der Massage erfüllen?

a) Die Haut für Wirkstoffe aufnahmefähig zu machen
b) Die Haut zu adstringieren
c) Die Haut rosig aussehen zu lassen
d) Die Haut zu neutralisieren

---

66. Welche allgemeine Wirkung lässt sich den typischen Packungen zuordnen?

a) Quellung der Haut
b) Erweiterung der Poren
c) Erwärmung der Haut
d) Entquellung der Haut

---

67. Welche Wirkung ist von den typischen Gesichtsmasken nicht zu erwarten?

a) Anregung der Hautfunktionen
b) Rötung der Haut
c) Verengung der Poren
d) Erwärmung der Haut

68. Welcher Aussage über Masken und Packungen stimmen Sie zu?

a) Zwischen Masken und Packungen hat es nie einen Unterschied gegeben.
b) Alle so genannten Masken wirken hemmend auf die Hautfunktionen.
c) Alle so genannten Packungen erwärmen die Haut und steigern ihre Funktionen.
d) Eine klare Unterscheidung zwischen Packungen und Masken ist nicht immer möglich, weil sie sich in ihren Wirkungen manchmal überschneiden.

---

69. Wovon ist die Pflegewirkung von Masken bzw. Packungen <u>nicht</u> abhängig?

a) Von Art und Konzentration der Wirkstoffe
b) Von Duft und Farbe des Präparats
c) Von der Dicke und Beschaffenheit der aufgetragenen Schicht
d) Von der Temperatur während der Einwirkzeit

---

70. Welche Inhaltsstoffe von Packungen sollen bei fettiger, unreiner Haut günstige Wirkungen zeigen?

a) Stärke und Mandelkleie
b) Eiweißspaltprodukte (Proteine)
c) Honig und Vitamine
d) Kräuterwirkstoffe

---

71. Welche besonderen Eigenschaften haben so genannte Thermomasken?

a) Sie wirken kühlend und erfrischend.
b) Sie haben entquellende und adstringierende Wirkung.
c) Sie erwärmen sich beim Erstarren auf der Haut.
d) Sie verringern die Hautdurchblutung und lassen die Haut blasser erscheinen.

---

72. Welche Kompressenbehandlung wirkt vor allem belebend, z. B. bei alternder Haut?

a) Warme Kompressen von ca. 47° C
b) Kalte Kompressen von ca. 17° C
c) Lauwarme Kompressen von ca. 30° C
d) Wechselkompressen (warm kalt)

---

73. In welchem Fall wird bei der Anwendung von Wechselkompressen zuletzt eine warme Kompresse aufgelegt?

a) Wenn die Behandlung damit abgeschlossen wird.
b) Wenn zum Abschluss adstringiert werden soll.
c) Wenn mit einem Pflegemittel weiterbehandelt werden soll.
d) Wenn die Haut abschließend gestrafft und geglättet werden soll.

---

74. In welchem Fall sollte auf warme Kompressen verzichtet werden?

a) Bei trockener, alternder Haut
b) Bei fettiger, großporiger Haut
c) Bei normaler Haut
d) Bei unempfindlicher Haut

---

75. Tages- und Nachtcremes unterscheiden sich vor allem im Emulsionstyp. Zu welchen Emulsionen gehören die Tagescremes?

a) Zu den W/Ö-Emulsionen
b) Zu den Ö/W-Emulsionen
c) Zu den (Ö/W)/Ö-Emulsionen
d) Zu den (W/Ö)/W-Emulsionen

76. Welche Aufgaben haben Nachtcremes hauptsächlich?

a) Die Haut vor Feuchtigkeit zu schützen
b) Den Feuchtigkeitsgehalt der Haut zu verbessern
c) Hautfalten zu beseitigen
d) Als Make-up-Unterlage zu dienen

---

77. Welcher dieser pflanzlichen Kosmetikwirkstoffe hat adstringierende Eigenschaft?

a) Allantoin
b) Chinin
c) Carotin
d) Hamamelisextrakt

---

78. Wie sollen Extrakte aus Johanniskraut und Birkenblättern in Kosmetika wirken?

a) Adstringierend
b) Entzündungshemmend
c) Hautbleichend
d) Durchblutungsfördernd

---

79. Mit welchen Inhaltsstoffen von Hautcremes ist es angeblich möglich, Wirkstoffe in tiefere Hautschichten einzuschleusen?

a) Mit Proteinen
b) Mit Liposomen
c) Mit Alkoholen
d) Mit Paraffinen

---

80. Welche Wirkung ist mit Gesichtsdampfbädern <u>nicht</u> zu erzielen?

a) Erweiterung der Poren
b) Intensivierung der Stoffwechselvorgänge
c) Entquellung und Straffung der Gesichtshaut
d) Verstärkung der Schweißdrüsensekretion

---

81. Warum werden Gesichtsdampfbäder gerne vor Gesichtspackungen angewendet?

a) Weil dadurch die Hautfunktionen verringert werden.
b) Weil die Wirkung nachfolgender Pflegebehandlungen verbessert wird.
c) Weil die Aufnahmefähigkeit der Haut für Wirkstoffe beseitigt wird.
d) Weil dadurch die Reizempfindlichkeit der Haut vermindert wird.

---

82. In welchem Fall können Gesichtsdampfbäder ohne Bedenken angewandt werden?

a) Bei trockener, empfindlicher Haut
b) Bei alternder, zu Teleangiektasien neigender Haut
c) Bei herz- und kreislaufkranken Kunden
d) Bei gesunden Kunden mit normaler Haut

---

83. Was versteht man unter direkter Pigmentierung der Haut?

a) Einen Sonnenbrand nach zu langer und zu starker Sonnenbestrahlung
b) Die Behandlung der Haut mit Bräunungscreme
c) Die Bräunung der Haut durch Einnahme von Carotinpräparaten
d) Die Umwandlung des in der Epidermis vorhandenen Melanins in Pigmente

---

84. Wie wirken die UV-B-Strahlen u. a. auf die Haut?

a) Direkt pigmentierend
b) Hautrötend
c) Vitamin-F-bildend
d) Hautzerstörend

85. Was ist eine nachteilige und daher unerwünschte Wirkung der UV-Strahlen?

a) Bräunung der Haut
b) Bildung von Vitamin D
c) Desinfektionswirkung
d) Bildung eines Erythems

86. Welche UV-Strahlen sind am wenigsten hautschädigend?

a) UV-A
b) UV-B
c) UV-A und UV-B
d) UV-C

87. Warum werden zur kosmetischen Hautbräunung vorwiegend UV-A-Strahlen eingesetzt?

a) Sie bräunen besonders schnell und hautschonend.
b) Sie bräunen besonders kräftig und langanhaltend.
c) Durch UV-A-Bestrahlung wird gleichzeitig Vitamin D gebildet.
d) UV-A-Strahlung wirkt der Faltenbildung entgegen.

88. Welche Wirkung haben Rot- und Infrarotlicht <u>nicht</u>?

a) Abschwächung der Hautdurchblutung
b) Durchwärmung der Haut
c) Belebung blasser und welker Haut
d) Verbesserung des Wirkstoffaufnahmevermögens

89. Welche Strahlenart würde bei einer weiteren Zerstörung der Ozonschicht hautschädigend auf uns wirken?

a) UV-A-Strahlen
b) UV-B-Strahlen
c) Rotlicht
d) UV-C-Strahlen

90. Wie nennt man das Einschleusen von Wirkstoffen in Ionenform in die Haut mit Hilfe von Gleichstrom?

a) Epilation
b) Iontonphorese
c) Maquillage
d) Camouflage

91. Welchen kosmetischen Zweck hat der Einsatz von Reizstromgeräten?

a) Einschleusen von Wirkstoffen in die Haut
b) Entfernung unerwünschter Behaarung
c) Desinfektion der Haut bei Akne
d) Massageeffekte zur Reizung der Muskulatur und Steigerung des Stoffwechsels

92. Was verstehen wir unter Impulsstrom?

a) Wechselstrom, weil er ständig die Richtung wechselt
b) Gleichstrom, der in einem bestimmten Rhythmus, also in regelmäßigen Abständen unterbrochen wird
c) Strom, der durch Überlagerung zweier Gleichströme entsteht
d) Wechselströme mit sehr hoher Frequenz

93. Wie nennt man den Strom, der durch Überlagerung zweier Wechselströme mit unterschiedlicher Frequenz entsteht?

a) Gleichstrom
b) Impulsstrom
c) Drehstrom
d) Interferenzstrom

---

94. Welche Geräteart wird zur Epilation benutzt?

a) Iontophoresegeräte
b) Reizstromgeräte
c) Hochfrequenzgeräte
d) Lasergeräte

---

95. Was sind Laserstrahlen?

a) Die Strahlen des gesamten Ultraviolettbereichs
b) Die Strahlen des ganzen Blaulichtanteils des Sonnenlichts
c) Nur die sichtbaren Lichtanteile der Sonnenstrahlung
d) Gebündelte Lichtstrahlen von gleicher Wellenlänge und gleicher Schwingungszahl

---

96. Worin unterscheiden sich die in der Kosmetik verwendbaren Soft-Laser von den in der Medizin und in anderen Bereichen benutzten „harten" Lasern?

a) Sie haben ein weniger scharf gebündeltes Licht und leisten nur einige Milliwatt.
b) Sie haben schärfer gebündelte UV-Strahlen.
c) Sie haben eine höhere Leistung (bis zu mehreren Kilowatt).
d) Sie lassen sich besser zum „Schneiden" von Körpergewebe benutzen.

---

97. Welche Aussage zur Anwendung von Soft-Lasern ist richtig?

a) Soft-Laser dürfen nur von Fachärzten benutzt werden.
b) Sie dürfen nur bei gesunder, unempfindlicher Haut angewendet werden.
c) Bei Bestrahlungen im Gesicht müssen die Augen durch eine Schutzbrille geschützt werden.
d) Beim Arbeiten mit Soft-Laser muss die Kosmetikerin spezielle Strahlenschutzkleidung tragen.

---

98. Soft-Laser sind in der Kosmetik vielseitig einsetzbar. In welchem Fall wird aber <u>kein</u> Erfolg durch Soft-Laser-Behandlung zu erwarten sein?

a) Bei Hautunreinheiten
b) Bei der Rückbildung von Narben
c) Beim kreisrunden Haarausfall
d) Bei der Beseitigung störender Fettpolster

---

99. Was versteht man unter Epilation?

a) Eine dauerhafte Entfernung unerwünschter Haare
b) Die Entfernung unerwünschter Haare durch Rasur
c) Eine Haarentfernung mit Enthaarungswachs
d) Eine Haarentfernung mit Enthaarungscreme

100. Welche Aussage trifft auf Enthaarungscremes zu?

a) Sie ermöglichen eine dauerhafte Enthaarung durch Zerstörung der Haarpapillen.
b) Sie reagieren stark alkalisch und wirken keratolytisch (haarzerstörend).
c) Durch ihre stark sauere Einstellung zerstören sie die Haare.
d) Sie bilden einen festen Film, mit dem sich beim Abziehen die Haare abreißen lassen.

Dekorative Kosmetik

101. Was kann nicht Aufgabe des Make-ups sein?

a) Das Gesicht individuell zu verschönern
b) Die Vorzüge des Gesichts hervorzuheben
c) Den Typ der Persönlichkeit völlig zu verändern
d) Mängel der Gesichtsform optisch zu korrigieren

102. Was ist ein allgemeiner Grundsatz, der beim Make-up zu beachten ist?

a) Farbe und Schnitt der Kleidung ist für das Make-up ohne Bedeutung.
b) Je älter die Kundin ist, um so auffälliger muss das Make-up sein.
c) Typ und Berufstätigkeit der Kundin sind beim Make-up zu berücksichtigen.
d) Beim Make-up hat man sich ohne Rücksicht auf den Typ der Kundin nach der Mode zu richten.

103. Welche Aussage über die Wirkung von Farbtönen ist richtig?

a) Die von der aktuellen Mode empfohlenen Farbtöne können ohne Rücksicht auf die Gesichtsform angewendet werden.
b) Mit hellen Tönen können Gesichtspartien betont und hervorgehoben werden.
c) Auf Gesichtspartien, die hervorgehoben werden sollen, ist ein dunkles Make-up aufzutragen.
d) Helle Farbtöne lassen Gesichtspartien zurücktreten und machen sie unauffällig.

104. Wie kann man ein zu breites, rundliches Gesicht durch das Make-up schmaler erscheinen lassen?

a) Wenn man seitlich an den Wangen schattiert
b) Durch Abschattieren von Kinospitze und Wangen
c) Durch Schattieren der Stirn am Haaransatz und an den Schläfen
d) Durch Schattieren der Stirn und des Kinns

105. Was kann als Regel für das Formen der Augenbrauen gelten?

a) Ein volles, rundes Gesicht wirkt günstiger, wenn die Augenbrauen recht dünn gehalten werden.
b) Beim Zupfen der Augenbrauen ist die Pinzette in Wuchsrichtung der Härchen anzusetzen.
c) Es sind stets nur die Haare am oberen Brauenrand zu zupfen.
d) Die Augenbrauen sollten mit den äußeren Augenwinkeln abschließen.

106. Wozu dient so genanntes Camouflage-Make-up in der Kosmetik?

a) Zum Tönen zu blasser Haut
b) Zum Korrigieren unschöner Gesichtsformen
c) Zum Erstellen eines Make-ups bei leicht fettiger Haut
d) Zum Abdecken störender Hautmängel

107. Wie sollten bei hellblondem Haar die Augenbrauen und Wimpern gefärbt werden?

a) Die Brauen heller und die Wimpern dunkler als das Haar
b) Brauen und Wimpern stets schwarz
c) Brauen und Wimpern am besten immer grau
d) Brauen dunkler als das Haar, aber heller als die Wimpern

108. Welche Schminkmittel werden allgemein als Maskara bezeichnet?

a) Wimperntusche
b) Lidschatten
c) Augen-Make-up-Entferner
d) Alle Augen-Make-up-Präparate zusammen

109. In welchem Fall ist ein heller Lidschatten zu empfehlen?

a) Bei zu weit auseinanderstehenden Augen
b) Bei zu eng zusammenliegenden Augen
c) Bei zu stark vorstehenden Augen
d) Bei zu tief liegenden Augen

110. Warum ist es zweckmäßig, die Lippen nach dem ersten Auftragen des Lippenstifts auf Lippenpapier zu drücken und dann die Lippenschminke erneut aufzutragen?

a) Nur so erreicht man eine ausreichend intensive Färbung.
b) Die Lippenform ist so leichter zu korrigieren.
c) Die Haftfähigkeit und die Deckkraft des Lippenstifts werden verbessert.
d) Die Lippenschminke ist dann leichter wieder abzunehmen.

Lichtschutz- und Bräunungsmittel

111. Vor welcher Art von Strahlen sollen Sonnenschutzmittel die Haut hauptsächlich schützen?

a) Vor UV-A-Strahlen
b) Vor UV-B-Strahlen
c) Vor UV-C-Strahlen
d) Vor allen UV-Strahlen

112. Was bedeutet es, wenn bei einem Sonnenschutzmittel vermerkt ist: „Lichtschutzfaktor 4"?

a) Das Mittel hält an der Sonne 4 Stunden auf der Haut.
b) Das Mittel enthält 4 verschiedene Lichtschutzstoffe.
c) Man kann sich mindestens 4 Stunden sonnen, wenn man sich mit diesem Präparat eingecremt hat.
d) Man kann die mit diesem Mittel eingecremte Haut 4-mal so lang der Sonne aussetzen, wie die unbehandelte Haut.

113. Welche Substanz ergibt durch chemische Reaktion mit dem Hautkeratin eine Braunfärbung?

a) Glycerin
b) Polyacrylsäure
c) Polyvinylacetat
d) Dihydroxyaceton

114. Was soll Nussschalenextrakt in Sonnenschutz- bzw. Bräunungsmitteln hauptsächlich bewirken?

a) Fettung der Haut
b) Förderung der Hautdurchblutung
c) Bräunung der Haut
d) Kühlung und Erfrischung der Haut

115. Was kann als Regel für die Auswahl und Anwendung von Sonnenschutzmitteln gelten?

a) Für die Wahl des Sonnenschutzmittels ist allein der Hauttyp entscheidend.
b) Die Lichtempfindlichkeit der Haut und die Intensität der Sonnenstrahlung sollten bei der Wahl des Lichtschutzpräparats berücksichtigt werden.
c) Wenn man eine Sonnenschutzcreme verwendet, kann man beliebig lange sonnen.
d) Sonnenschutzmittel sollen nur einmal am Tag aufgetragen werden.

116. Wie sollen After-sun-Präparate bei sonnengeröteter Haut wirken?

a) Hautbräunend
b) Austrocknend und kühlend
c) Entzündungshemmend und reizlindernd
d) Durchblutungsfördernd

117. Welcher Wirkstoff kann in After-sun-Mitteln zur Entzündungshemmung enthalten sein?

a) Ethanol
b) Kollagen
c) Carotin
d) Azulen

Duftstoffe

118. Welcher dieser Duftstoffe ist pflanzlichen Ursprungs?

a) Muscon
b) Lavendel
c) Ambra
d) Castoreum

119. Welche Aussage trifft auf die ätherischen Öle nicht zu?

a) Manche wirken leicht hautreizend.
b) Ätherische Öle können durchblutungsfördernde Eigenschaft haben.
c) Ätherische Öle können das Ergrauen der Haare verhindern.
d) Manche Ätherischen Öle haben eine aseptische Wirkung.

120. Von welchem Tier stammt der Duftstoff Ambra?

a) Vom russischen Nerz
b) Vom Moschushirsch
c) Von der Siamkatze
d) Vom Pottwal

121. Wie heißt der aus den Drüsen einer Biberart gewonnene Duftstoff?

a) Muscon
b) Castoreum
c) Zibet
d) Wairat

122. Wie nennt man Substanzen, die den Duft anderer Riechstoffe abrunden und ihr zu schnelles Verflüchtigen verhindern?

a) Festiger
b) Fixierer
c) Fixateure
d) Stabilisatoren

123. Welche Parfümölkonzentration haben Kölnisch Wässer etwa?

a) 1 – 3 %
b) 3 – 5 %
c) 8 – 12 %
d) 10 – 25 %

124. Welcher Alkohol ist das übliche Lösungsmittel für Parfümöle in Parfüms und Duftwässern?

a) Isopropanol
b) Butanol
c) Pentanol
d) Ethanol

125. Wie wird der beim Aufbringen eines Parfüms auf die Haut zuerst wahrnehmbare „Angeruch" auch noch genannt?

a) Basis
b) Fond
c) Kopfnote
d) Herznote

126. Was wäre beim Verkauf von Parfüms falsch?

a) Die von der Kundschaft gewünschte Duftnote zuerst möglichst genau zu erfragen.
b) Der Kundin gleich möglichst viele Duftproben nebeneinander auf den Handrücken zu sprühen.
c) Für die Duftproben spezielle Papier-Riechstreifen zu verwenden.
d) Duftproben der engeren Wahl auf gut durchblutete Hautstellen, z. B. am Puls, aufzutragen.

127. Wie können die Duftnoten von Zitrusfrüchten bezeichnet werden?

a) Würzig
b) Herb
c) Frisch
d) Schwer

128. Welche Duftstoffarten werden allgemein als herb oder würzig empfunden?

a) Lavendel
b) Rosen, Nelken
c) Orchidee, Jasmin
d) Sandelholz, Juchten

129. Welchem Hauptzweck dienen Deadorantien?

a) Die Schweißbildung zu verhindern
b) Die bakterielle Zersetzung des Schweißes zu hemmen
c) Die Schweißdrüsenfunktion zu fördern
d) Lichtschäden der Haut durch Sonnen zu verhindern

Punkte	0 – 37	38 – 62	63 – 84	85 – 102	103 – 116	117 – 129
Note	6	5	4	3	2	1

Frisuren- und Berufsgeschichte

Grundlagen der Stil- und Modekunde

1. Das Wort „Stil" kann unterschiedliche Bedeutung haben. Was meint man mit Regionalstil?

a) Die künstlerischen Formen einer bestimmten Gegend oder eines Landes
b) Die typische Arbeitsweise einer Person, z. B. eines Künstlers
c) Die Mode einer bestimmten Zeit
d) Die höfische Mode des Mittelalters

2. Wie nennt man den Stil, z. B. die Kleidermode, einer bestimmten Zeit?

a) Regionalstil
b) Personalstil
c) Epochalstil
d) Gruppenstil

3. Welcher dieser Namen steht für einen Friseur, der die Frisurenmode wesentlich beeinflusst hat?

a) Cosmas Damian Asam
b) Vincenc van Gogh
c) Vidal Sassoon
d) Giuseppe Verdi

Altertum

4. Wie wird die Zeit der griechischen und römischen Kultur genannt?

a) Vorzeit
b) Urzeit
c) Gotik
d) Antike

5. In welchen Zeitraum ordnen wir die ägyptische Kultur ein?

a) 5000 – 3000 v. Chr.
b) 3000 – 300 v. Chr.
c) 500 v. Chr. – 500 n. Chr.
d) 500 – 1000 n. Chr.

6. Was sind Hieroglyphen?

a) Ägyptische Königspaläste
b) Verzierte Halstücher der Ägypter
c) Papyrusblätter zum Schreiben
d) Ägyptische Schriftzeichen

7. Welches Bild zeigt eine ägyptische Frisur?

a) 

b) 

c) 

d) 

---

8. Welche Aussage über ägyptische Frisuren ist richtig?

a) Die langen Haare wurden geflochten und an den Schläfen verknotet.
b) Die Männer trugen die Haare ganz kurz und gelockt.
c) Bei feierlichen Anlässen wurden kunstvoll gefertigte Perücken getragen.
d) Sträflinge und Sklaven mussten künstliche Bärte tragen.

---

9. Welcher Farbstoff diente schon den Ägypterinnen zum Färben der Haare und auch der Finger- und Zehennägel?

a) Silbernitrat
b) Rastiik
c) Kongorot
d) Henna

---

10. Wie nennt man das auf dieser Abb. zu sehende Kopftuch der Ägypter?

a) Hennin
b) Klaft
c) Relief
d) Sphinx

---

11. Welches Volk des Altertums hatte seine Blütezeit etwa von 1500 v. Chr. bis 150 n. Chr.?

a) Die Türken
b) Die Ägypter
c) Die Römer
d) Die Griechen

12. Welcher Begriff bedeutet soviel wie „vorbildlich“ oder „allgemein gültig“?

a) Antik
b) Klassisch
c) Pompös
d) Kolossal

13. Wozu diente den Griechen das Calamistrum?

a) Zum Krausen der Haare
b) Zum Auszupfen unerwünschter Haare
c) Zum Färben der Haare
d) Zum Feststecken der Haarknoten

14. Wie wird die ältere Epoche der griechischen Kultur genannt?

a) Olympische Zeit
b) Klassische Zeit
c) Hellenistische Zeit
d) Archaische Zeit

15. Welche Frisur ist der klassischen Epoche der griechischen Zeit zuzuordnen?

a) 

b) 

c) 

d) 

16. Welche der bei 15. abgebildeten Frisuren entstammt der hellenistischen Zeit?

a)
b)
c)
d)

17. Was war typisch für die Haartracht der griechischen Männer?

a) Kurze, lockige Haare
b) Lange, über die Schultern fallende Haare
c) Lange, im Nacken geknotete Haare
d) Perücken auf glattrasiertem Kopf

18. Wie hießen die aufwändigen Badeanlagen der Römer?

a) Thermen
b) Aquädukte
c) Katakomben
d) Fontani

19. Was war eine Berufsbezeichnung der „Friseure“ im alten Rom?

a) Calamistra
b) Senator
c) Gladiator
d) Tonsor

20. Welche dieser Frauenfrisuren gilt als typisch römisch?

a) 

b) 

c) 

d) 

21. Warum waren bei den Römerinnen Perücken aus dem Haar von Germaninnen begehrt?

a) Weil die Römerinnen die eigenen Haare grundsätzlich nicht schneiden ließen.
b) Weil das germanische Haar stärker gelockt war.
c) Weil die blonde Farbe des Germanenhaares besonders beliebt war.
d) Weil germanisches Haar dicker und kräftiger war als das der Römerinnen.

22. Welches Mittel stand den Römerinnen zum Aufhellen ihrer Haare noch nicht zur Verfügung?

a) Kamillenextrakt
b) Wasserstoffperoxid
c) Alkalischer Holzaschebrei
d) Kalkwasser

Mittelalter

23. Welche Zeitspanne umfasst das Mittelalter etwa?

a) 3000 – 1000 v. Chr.
b) 1000 v. Chr. – 1000 n. Chr.
c) 500 – 1000 n. Chr.
d) 500 – 1500 n. Chr.

24. Welche Abb. zeigt eine in der Mode des 15. Jahrh. gekleidete Person?

a) 

b) 

c) 

d) 

---

25. Welche Aussage über germanische Frisuren ist falsch?

a) Das meist blonde Haar wurde lang, offen oder in Zöpfen geflochten getragen.
b) Als Haarschmuck waren bunte Bänder und verzierte Metallreifen in Gebrauch.
c) Langes Haar galt als Symbol des freien Mannes.
d) Das Haar wurde am Oberkopf zu einem Knoten zusammengefasst und in einen seidenen Haarbeutel gesteckt.

---

26. Was war der Grund dafür, dass im Mittelalter die Frauen meist Kopfbedeckungen trugen?

a) Es gab niemanden, der gefällige Frisuren hätte machen können.
b) Schwere Seuchen hatten zu einem starken Haarausfall bei den Frauen geführt.
c) Die Frauen ließen sich aus hygienischen Gründen die Haare abrasieren und bedeckten deshalb den Kopf mit Hauben und Tüchern.
d) Kirchliche Vorschriften gestatteten nur den jungen, unverheirateten Mädchen, ihr Haar offen zu zeigen.

---

27. Welche dieser Kopfbedeckungen gab es bei den Frauen im Mittelalter noch nicht?

a) Kopftuch
b) Gebende
c) Schutenhut
d) Schapel

28. Welche Abb. zeigt einen Hennin?

a) 

b) 

c) 

d) 

29. Wie hieß die im Mittelalter bei den Männern vorherrschende Frisur?

a) Tituskopf
b) Pagenkopf
c) Haarbeutel
d) Swebenknoten

30. Welche Facharbeiten gehörten nicht zum „Berufsbild“ der Bader und Barbiere?

a) Haarschneiden und Bartstutzen
b) Zähneziehen und Aderlassen
c) Behandeln von Wunden und Knochenbrüchen
d) Dauerwellen und Blondieren der Haare

31. Was war der Grund dafür, dass der Baderberuf zeitweise als unehrenhaft galt?

a) Die meisten Bader waren Betrüger.
b) In manchen Badstuben herrschte ein ausschweifendes Treiben.
c) Die Besucher von Badstuben wurden oft bestohlen.
d) In den Badstuben wurden nur Sträflinge beschäftigt.

32. Wann wurde den Badern das Recht zur Gründung eigener Zünfte zugestanden?

a) 814
b) 1250
c) 1497
d) 1548

33. Welche Aussage über die Ausbildung der Bader und Barbiere ist <u>falsch</u>?

a) Die Lehrzeit dauerte zwischen 3 und 6 Jahren.
b) Die Eltern des Lehrlings mussten dem Meister Lehrgeld zahlen.
c) Während der Lehrzeit musste ein Berichtsheft geführt werden.
d) Vor der Meisterprüfung musste der Geselle mehrere Jahre auf Wanderschaft gehen.

34. Was war das Zunftzeichen der Bader und Barbiere?

a) Zwei gekreuzte Kämme
b) Die Haarschneideschere
c) Das Rasiermesser
d) Das tellerförmige Rasierbecken

Neuzeit

35. Wann setzt man etwa den Beginn der Neuzeit an?

a) Um 1250
b) Um 1500
c) Um 1790
d) Um 1900

36. Welche Umstände und Ereignisse kennzeichnen den Beginn der Neuzeit?

a) Zunahme der Autorität der Kirche
b) Entdeckungen (z. B. Amerika) und Erfindungen (z. B. Buchdruck)
c) Die Französische Revolution
d) Die Christianisierung der Germanen

37. Mit welcher Stilepoche beginnt die Neuzeit?

a) Mit der Romanik
b) Mit der Gotik
c) Mit der Renaissance
d) Mit dem Barock

38. Was bedeutet das Wort „Renaissance“ sinngemäß?

a) Rückbesinnung auf die Antike und Erneuerung antiker Vorbilder
b) Nachahmung germanischer Bau- und Schmuckformen
c) Machtmissbrauch durch kirchliche Würdenträger
d) Die Sehnsucht der Menschen nach einem besseren Jenseits

39. Welche Aussage über die Frauenfrisuren der Renaissance ist <u>falsch</u>?

a) Die Frisuren der Renaissance waren sehr vielfältig.
b) Das Haar wurde in verschiedener Weise geflochten und geknotet.
c) Typisch für Renaissancefrisuren sind die schlaufenförmigen Schluppen am Oberkopf.
d) Rötliche Haarfarben („Tizianrot“) waren besonders beliebt.

40. Welche Abb. zeigt eine Frauenfrisur der Renaissance?

a)

b)

c)

d)

41. Welche Abb. zeigt die Kolbe, die typische Männerfrisur der Renaissance?

a) 

b) 

c) 

d) 

---

42. Wann war die Zeit des Barock?

a) 1450 – 1600
b) 1600 – 1720
c) 1720 – 1790
d) 1790 – 1815

---

43. Was bedeutet das Wort „Barock"?

a) Wiedergeburt
b) Spitzbogenstil
c) Muschelstil
d) Unregelmäßige Perle

---

44. Was war charakteristisch für das Barockzeitalter?

a) Demütige Unterwerfung der Fürsten unter die strengen Regeln der Kirche
b) Vorbildhafte Lebensweise und Pflege „höfischer" Sitten durch die Ritter
c) Strenge, aber gerechte Herrschaft mächtiger deutscher Kaiser
d) Übersteigertes Lebensgefühl, Selbstherrlichkeit und Prunksucht vieler Fürsten

---

45. Welche Frauenfrisur gilt als typisch für den Frühbarock?

a) 

b) 

c) 

d) 

46. Wie wird die bei 45. gezeigte frühbarocke Frisur genannt?

a) Flämmchen-Frisur
b) Fontagne-Frisur
c) Lamballe-Frisur
d) Garcette-Frisur

---

47. Welche der bei 45. abgebildeten Frisuren ist dem Spätbarock zuzuordnen?

a)
b)
c)
d)

---

48. Was war ein typischer Bestandteil der Frauenkleidung im Barock und Rokoko?

a) Der Kimono
b) Der Kilt
c) Der Reifrock
d) Die Hörnerhaube

---

49. Welcher Herrscher hat den Barockstil wesentlich mitgeprägt?

a) Kaiser Friedrich I. (Barbarossa)
b) Wilhelm I., Deutscher Kaiser
c) Napoleon I., Kaiser von Frankreich
d) Ludwig XIV., König von Frankreich

---

50. Wie heißen die löwenmähnenartigen Perücken der Barockzeit?

a) Chignons
b) Allongeperücken
c) Schillerlocken
d) Beutelperücken

---

51. Durch welche Persönlichkeit soll die Perücke zum modischen Kleidungsstück geworden sein?

a) Durch Wolfgang Amadeus Mozart
b) Durch Ludwig XIII. von Frankreich
c) Durch Ludwig XVI. von Frankreich
d) Durch Peter den Großen von Rußland

---

52. Wie heißt die Stilepoche von 1720 bis 1789?

a) Empire
b) Rokoko
c) Barock
d) Renaissance

---

53. Welcher dieser Friseure hat schon in der Rokokozeit ein Fachbuch für Friseure herausgegeben und eine Akademie für Friseure gegründet?

a) Legros
b) Dage
c) Sassoon
d) Gratenu

---

54. Aus welcher Zeit stammt diese Frisur?

a) Aus dem Frühbarock
b) Aus dem Spätbarock
c) Aus dem Frührokoko
d) Aus dem Hochrokoko

Berufsgeschichte

55. Welche Frisur ist typisch für das Spätrokoko?

a) Pompadaur-Frisur
b) Marie-Antoinette-Frisur
c) Lamballe-Frisur
d) Fontagne-Frisur

---

56. Welchen Zeitraum meint man mit dem Hochrokoko etwa?

a) 1620 – 1720
b) 1720 – 1750
c) 1750 – 1780
d) 1780 – 1790

---

57. In welcher Zeit wurde von den Männern die Beutelperücke getragen oder das Eigenhaar im Nacken in einen Beutel aus schwarzer Seide gesteckt?

a) Im Spätbarock
b) Im Frühbarock
c) In der Rokokozeit
d) In der Biedermeierzeit

---

58. Durch welches Ereignis wurde die Rokokozeit beendet?

a) Durch die Französische Revolution
b) Durch den Ausbruch des 30-jährigen Kriegs
c) Durch die Reformation
d) Durch die Oktoberrevolution in Rußland

---

59. Welches Herrscherpaar hat das Spätrokoko wesentlich mitgeprägt?

a) Franz I. und Maria Theresia von Österreich
b) Ludwig XVI. und Marie-Antoinette von Frankreich
c) Napoleon I. und Marie Louise von Frankreich
d) Friedrich Wilhelm III. und Luise von Preußen

---

60. Welche Zeitspanne umfasst die Biedermeierzeit etwa?

a) 1600 – 1720
b) 1720 – 1790
c) 1790 – 1815
d) 1815 – 1848

---

61. Was bedeutet „Biedermeierstil"?

a) Stil der Barbaren (= Bezeichnung für rohe, ungebildete Menschen)
b) Stil der Goten (= germanischer Volksstamm)
c) Stil des einfachen, gutmütigen Bürgers
d) Ein Dekorationsstil mit protzigen, goldverzierten Stuckornamenten

---

62. Welche Frisur stammt nicht aus der Biedermeierzeit?

a) 

b) 

c) 

d) 

---

63. Welche Aufbauelemente von Biedermeierfrisuren wurden Schluppen oder Schlupfen genannt?

a) Die an den Seiten anzusteckenden Hängelocken
b) Die an der Ohrenpartie getragenen Girlanden aus Zöpfen
c) Die schleifenartig geformten Partien am Oberkopf
d) Die aus geflochtenen Zöpfen geformten Knoten am Hinterkopf

---

64. Wie nannte man die Frisur, bei der das Haar am Hinterkopf straff nach oben gekämmt und evtl. mit einem Schildpattkamm abgestützt wurde.

a) Fontagne-Frisur
b) Giraffenfrisur
c) Windstoßfrisur
d) Garcette-Frisur

---

65. Durch welches Ereignis ging die Biedermeierzeit zu Ende?

a) Durch den 1. Weltkrieg
b) Durch den 2. Weltkrieg
c) Durch den Krieg zwischen Preußen und Bayern
d) Durch eine Revolution in Deutschland

66. Welche Abb. zeigt eine für das Biedermeier typische Kopfbedeckung?

a) 

b) 

c) 

d) 

---

67. Wie wird die Zeit von 1870 bis 1890 genannt?

a) Biedermeierzeit
b) Zweites Empire
c) Konsulatszeit
d) Gründerzeit

---

68. In welcher Zeit gab es den Jugendstil?

a) 1815 – 1850
b) 1850 – 1870
c) 1890 – 1905
d) 1905 – 1920

---

69. Wann kam bei uns der „Bubikopf" als Kurzhaarmode auf?

a) Nach der Französischen Revolution
b) Nach der Revolution von 1848 in Deutschland
c) Nach dem 1. Weltkrieg
d) Nach dem 2. Weltkrieg

---

70. Was ist eine typische Frauenfrisur aus der Zeit vor dem 1. Weltkrieg?

a) Fontagne-Frisur
b) Lamballe-Frisur
c) „Giraffen"-Frisur
d) Wagenrad-Frisur

---

71. Welche Modefrisur wurde 1936 in Deutschland kreiert?

a) Die Reformfrisur
b) Der Pagenkopf
c) Die Olympiarolle
d) Die Ondulationsfrisur

---

72. Welcher dieser Friseure hat die Entwicklung der Haarschneidetechniken besonders gefördert?

a) Karl Neßler
b) Joseph Mayer
c) Georg Kramer
d) Vidal Sassoon

Punkte	0 – 21	22 – 35	36 – 47	48 – 57	58 – 65	66 – 72
Note	6	5	4	3	2	1

Lösungen – Teil 1

Friseur – ein vielseitiger Dienstleistungsberuf

1b, 2c, 3a, 4b, 5d, 6d, 7b, 8c, 9a, 10b, 11d, 12b, 13a, 14d, 15a, 16c, 17b, 18a, 19c, 20c, 21c, 22b, 23c, 24c, 25b, 26d, 27b, 28c, 29b, 30b, 31d, 32c, 33c, 34d, 35d, 36b, 37a, 38c, 39a, 40c, 41d, 42d, 43c, 44d, 45c, 46d, 47b, 48a, 49c, 50b, 51c, 52c, 53b, 54c, 55b, 56b, 57b, 58b, 59a, 60c, 61c, 62a, 63c, 64c, 65d, 66a, 67b

Gesundheits- und Umweltschutz

1b, 2b, 3c, 4b, 5d, 6c, 7a, 8d, 9b, 10d, 11c, 12b, 13c, 14c, 15c, 16a, 17d, 18c, 19b, 20c, 21d, 22a, 23b, 24b, 25d, 26a, 27d, 28b, 29d, 30d, 31a, 32c, 33d, 34c, 35a, 36b, 37b, 38c

Biologische Grundlagen

1c, 2d, 3d, 4d, 5b, 6d, 7c, 8c, 9b, 10a, 11a, 12b, 13a, 14c, 15a, 16d, 17d, 18c, 19b, 20d, 21a, 22b, 23d, 24a, 25d, 26c, 27a, 28d, 29d, 30c, 31d, 32a, 33a, 34b, 35c, 36a, 37d, 38a, 39d, 40c, 41c, 42c, 43a, 44d, 45c, 46c, 47b, 48a, 49b, 50c, 51c, 52b

Chemische Grundlagen

1d, 2c, 3a, 4d, 5b, 6b, 7c, 8d, 9c, 10b, 11d, 12c, 13a, 14b, 15c, 16b, 17c, 18d, 19b, 20a, 21b, 22b, 23d, 24d, 25a, 26d, 27d, 28d, 29d, 30c, 31c, 32d, 33c, 34c, 35d, 36c, 37b, 38b, 39d, 40a, 41d, 42d, 43a, 44d, 45c, 46d, 47c, 48d, 49b, 50b, 51c, 52a, 53a, 54d, 55a, 56d, 57c, 58b, 59a, 60b, 61a, 62d, 63d, 64b, 65c, 66b, 67c, 68d, 69b, 70d, 71b, 72c, 73d, 74a, 75b, 76d, 77d, 78d, 79b, 80c, 81d, 82b, 83b, 84b, 85c, 86c, 87a, 88b, 89c, 90d, 91d, 92b, 93a, 94d, 95a, 96b, 97c, 98b, 99d, 100b, 101d, 102c

Bau und Leben von Haar und Kopfhaut

1a, 2d, 3c, 4b, 5d, 6b, 7b, 8b, 9c, 10c, 11b, 12b, 13a, 14b, 15d, 16b, 17c, 18b, 19c, 20b, 21a, 22b, 23a, 24d, 25c, 26d, 27c, 28d, 29c, 30b, 31b, 32d, 33b, 34a, 35d, 36c, 37d, 38b, 39c, 40d, 41d, 42b, 43b, 44d, 45c, 46d, 47c, 48b, 49c, 50d, 51d, 52d, 53b, 54c, 55c, 56d, 57d, 58c, 59a, 60c, 61d, 62a, 63a, 64b, 65b, 66d, 67c, 68d, 69a, 70c, 71c, 72a, 73b, 74d, 75b, 76d, 77d, 78d, 79a, 80a, 81d, 82b

Pflege von Haar und Kopfhaut

1c, 2a, 3b, 4b, 5b, 6a, 7d, 8c, 9d, 10a, 11d, 12b, 13d, 14d, 15d, 16b, 17b, 18c, 19c, 20a, 21d, 22c, 23b, 24b, 25b, 26b, 27a, 28b, 29b, 30d, 31c, 32b, 33c, 34d, 35c, 36d, 37d, 38d, 39b, 40d, 41b, 42d, 43c, 44d, 45b, 46b, 47b, 48c, 49d, 50d, 51b, 52a, 53d, 54d

Haarschneiden

1d, 2b, 3d, 4d, 5c, 6c, 7b, 8a, 9c, 10d, 11b, 12c, 13a, 14a, 15b, 16c, 17b, 18d, 19a, 20d, 21b, 22a, 23b, 24d, 25b, 26c

Formverändernde Haarbehandlungen

1d, 2c, 3c, 4b, 5b, 6b, 7d, 8c, 9b, 10a, 11c, 12c, 13a, 14d, 15c, 16c, 17b, 18d, 19c, 20b, 21b, 22b, 23d, 24d, 25a, 26b, 27c, 28c, 29a, 30d, 31b, 32c, 33d, 34a, 35c, 36c, 37d, 38c, 39c, 40c, 41b, 42c, 43d, 44b, 45a, 46b, 47a, 48b, 49a, 50b, 51d, 52d, 53d, 54d, 55b, 56c, 57b, 58d, 59c, 60d, 61d, 62b, 63c, 64d, 65d, 66b, 67a, 68c, 69d, 70a, 71c, 72d, 73c, 74d, 75a, 76c, 77d, 78c, 79c, 80d, 81b, 82c

Farbverändernde Haarbehandlung

1c, 2c, 3b, 4d, 5d, 6b, 7d, 8d, 9c, 10a, 11a, 12b, 13c,14a, 15c, 16d, 17d, 18a, 19c, 20d, 21d, 22b, 23a, 24c, 25d, 26d, 27b, 28c, 29d, 30a, 31d, 32c, 33b, 34b, 35d, 36c, 37b, 38c, 39b, 40b, 41d, 42d, 43a, 44c, 45d, 46d, 47b, 48d, 49c, 50b, 51d, 52c, 53d, 54c, 55d, 56c, 57c, 58a, 59c, 60d, 61b, 62d, 63a, 64b, 65c, 66d, 67c, 68d, 69d, 70c, 71d, 72b, 73b, 74b, 75c, 76d, 77d, 78d, 79b, 80b, 81c, 82d, 83d, 84d, 85a, 86b, 87b, 88a, 89d, 90a, 91 b, 92c, 93c, 94d, 95c, 96a, 97d, 98d, 99d

Haut

1d, 2d, 3d, 4c, 5c, 6d, 7c, 8c, 9a, 10b, 11d, 12d, 13c,14c, 15b, 16d, 17b, 18d, 19d, 20d, 21c, 22c, 23a, 24c, 25d, 26a, 27d, 28d, 29d, 30c, 31a, 32a, 33b, 34d, 35b, 36c, 37d, 38b, 39d, 40b, 41b, 42b, 43d, 44a, 45c, 46d, 47c, 48d, 49a, 50c, 51d, 52c, 53b, 54a, 55a, 56d, 57a, 58d, 59c, 60b, 61d, 62c, 63a, 64d, 65d, 66b, 67c, 68d, 69d

Kosmetik

1b, 2d, 3c, 4d, 5a, 6b, 7d, 8c, 9a, 10c, 11a, 12b, 13d,14a, 15d, 16d, 17d, 18d, 19b, 20d, 21d, 22b, 23c, 24c, 25d, 26d, 27c, 28d, 29b, 30c, 31d, 32d, 33b, 34d, 35b, 36c, 37c, 38d, 39a, 40c, 41a, 42c, 43b, 44b, 45a, 46c, 47a, 48d, 49a, 50d, 51b, 52b, 53a, 54c, 55b, 56b, 57c, 58d, 59c, 60d, 61d, 62d, 63c, 64d, 65b, 66d, 67c, 68d, 69b, 70d, 71c, 72d, 73c, 74a, 75b, 76b, 77d, 78d, 79b, 80c, 81b, 82d, 83d, 84b, 85d, 86a, 87a, 88a, 89d, 90b, 91d, 92b, 93d, 94c, 95d, 96a, 97c, 98d, 99a, 100b, 101c, 102c,103b, 104a, 105b, 106d, 107d, 108a, 109d, 110c, 111b, 112d, 113d, 114c, 115b, 116c, 117d, 118b, 119c, 120d, 121b, 122c, 123b, 124d, 125c, 126b, 127c, 128d, 129b

Frisuren- und Berufsgeschichte

1a, 2c, 3c, 4d, 5b, 6d, 7c, 8c, 9d, 10b, 11d, 12b, 13a, 14d, 15c, 16d, 17a, 18a, 19d, 20d, 21c, 22b, 23d, 24b, 25d, 26d, 27c, 28d, 29b, 30d, 31b, 32d, 33c, 34d, 35b, 36b, 37c, 38a, 39c, 40a, 41a, 42b, 43d, 44d, 45a, 46d, 47d, 48c, 49d, 50b, 51b, 52b, 53a, 54c, 55c, 56c, 57c, 58a, 59b, 60d, 61c, 62d, 63c, 64b, 65d, 66b, 67d, 68c, 69c, 70d, 71c, 72d

Haar- und Kopfhautpflege

Fallbeispiel 1

Frau Grünberger wünscht Schneiden und Föhnen.

Sie sollen die Haarwäsche durchführen.

Fragen und Aufgaben	Erreichbare Punktzahl
1. Welche Fragen sollten bei der Kundenberatung vor der Haarwäsche geklärt werden? Führen Sie dafür drei Beispiele an.	6
2. Auf welche Weise prüfen Sie den Zustand von Haar und Kopfhaut?	6
3. Ihre Kundin klagt über „Haarausfall“. Sie können aber weder Kahlstellen noch einen verringerten Haarbestand feststellen. Erklären Sie der Kundin, worum es sich dabei vermutlich handelt.	2
4. Um welche Krankheit könnte es sich handeln, wenn die Kopfhaut stellenweise oder ganz mit großen Schuppen bedeckt und die Haut darunter entzündlich gerötet ist? Beim Ablösen der Schuppen zeigen sich auf der Haut Blutpunkte.	1
5. Wie viel wächst das Haar im Monat durchschnittlich?	1
6. Bei welcher Dicke spricht man von einer mittleren (normalen) Haarstärke?	1
7. Warum sollte man beim Durchkämmen von feuchten Haaren darauf achten, dass man sie nicht überdehnt?	2
8. Wovon hängt die Saugfähigkeit der Haare ab?	1
9. Die Haare sind hygroskopisch. Was bedeutet das?	2

	Erreichbare Punktzahl
10. Sie stellen bei Frau Grünberger starke Schuppenbildung fest. Erklären Sie die (anlagebedingten) Ursachen dafür:	3
11. Warum sind Seifen zur Haarwäsche ungeeignet?	2
12. Worin unterscheidet sich ein Shampoo für fettiges Haar im Wesentlichen von einem für trockene Kopfhaut?	2
13. a) Was ist die wichtigste Gruppe der Bestandteile von Shampoos? b) Nennen Sie zwei weitere Gruppen von Inhaltsstoffen.	3
14. Welche besondere Eigenschaft haben die kationischen Syndets?	1
15. Syndets sind außer in Shampoos auch noch in vielen andern kosmetischen Reinigungs- und Pflegemitteln enthalten. Nennen Sie drei Beispiele für solche Präparate.	3
16. Welcher Oberbegriff wird für reinigungswirksame Stoffe wie Seifen und Syndets verwendet?	1
17. Welche Bedeutung hat das Wasser als Arbeitsmittel bei der Haarwäsche?	3
18. Erklären Sie die chemische Zusammensetzung des Wassers.	3
19. Infolge der Oberflächenspannung perlt Leitungswasser vom Haar ab. Wodurch kommt es beim Wasser zu dieser Oberflächenspannung?	2
20. Welche Aufgaben haben Netzmittel in haar- und hautkosmetischen Mitteln?	2
21. Was versteht man unter der Wasserhärte?	2
22. Nennen Sie wenigstens einen Nachteil von hartem Wasser.	2
23. Frau Grünberger ist eine kritische Kundin. Sie möchte von Ihnen wissen, welche besonderen Eigenschaften ein Antischuppenshampoo hat.	5
24. Mit welchen Argumenten können Sie der Kundin Haarwaschmittel für zu Hause empfehlen? Formulieren Sie in wörtlicher Rede.	4
25. Da Frau Grünberger ihre Haare zwei bis drei mal in der Woche wäscht, empfehlen Sie eine Haaransatzwäsche. Warum ist eine Haaransatzwäsche im Hinblick auf den Umweltschutz günstiger?	2
26. Auch für die Haare ist die Haaransatzwäsche vorteilhaft. Begründen Sie das.	2
27. Führen Sie drei Vorschriften aus der TRGS 530 an, die sie beim Haarewaschen zu beachten haben.	6

Erreichbare Punktzahl

28. Ihre Kundin stört es, dass Sie bei der Haarwäsche Handschuhe tragen. Erklären Sie ihr, warum die Schutzhandschuhe notwendig sind. 4

29. Auch beim Haarewaschen werden häufig Fehler gemacht. Zählen Sie dafür 4 Beispiele auf. 4

30. Sie verwenden Shampoo, das 1:4 mit Wasser zu verdünnen ist.
    a) Welche Mengen Wasser und Shampoo müssen Sie für 60 ml Waschlösung mischen?
    b) Wie teuer ist das Shampoo für eine Haarwäsche, wenn 1 Liter Konzentrat 13,80 € kostet? (Auf volle Cent runden.) 6

31. Sie haben bei Frau Grünberger eine Haaransatzwäsche durchgeführt. Gegenüber einer herkömmlichen Wäsche haben Sie dabei rd. 7 Liter Wasser gespart. Wie viel m^3 Wasser ließen sich in einem Jahr (220 Arbeitstage) sparen, wenn täglich anstelle von 10 herkömmlichen Haarwäschen jeweils Haaransatzwäschen durchgeführt würden? 2

32. Für das Föhnen der Frisur benötigen Sie bei Frau Grünberger 15 Minuten.
    a) Wie viel kWh werden dabei verbraucht, wenn der Föhn eine Leistungsaufnahme von 1100 Watt hat?
    b) Wie hoch sind die dabei entstehenden Stromkosten bei einem Preis von 0,15 € je kWh? (Auf volle Cent runden.) 6

33. Berechnen Sie den von Frau Grünberger zu bezahlenden Bedienungspreis nach folgenden Angaben: Arbeitszeit insgesamt 40 min, Stundenlohn 6,70 €, Gemeinkostenzuschlag 140 %, Gewinn 30 %, Mehrwertsteuer 16 %. (Bruttobedienungspreis auf volle Euro abrunden.) 6

Punkte	0 – 24	25 – 44	45 – 62	63 – 78	79 – 90	91 – 100
Note	6	5	4	3	2	1

Fallbeispiel 2

Frau Gräbner, Anfang 40, ist mit dem Zustand ihrer Haare nicht zufrieden. Sie lässt ihr mittellanges, dunkelblondes Haar regelmäßig dauerwellen und heller färben.

Sie stellen fest, dass das Haar tatsächlich sehr trocken und ohne Glanz ist.

Fragen und Aufgaben	Erreichbare Punktzahl
1. Wodurch wird der unbefriedigende Zustand der Haare dieser Kundin verursacht worden sein? Nennen Sie dazu a) Friseurpräparate, b) sonstige mögliche Ursachen.	6
2. Das Aussehen des Haares hängt stark vom Zustand der Schuppenschicht ab. Begründen Sie das.	4
3. Kennen Sie eine weitere Haarschaftschädigung, bei der Haarkuren helfen können?	1
4. Sie empfehlen Frau Gräbner eine Cremehaarkur. Was erwartet diese Kundin von einem solchen Pflegemittel?	3
5. Cremeförmige Haarkuren sind in der Regel Emulsionen. a) Was versteht man unter einer Emulsion? b) Zu welchem Emulsionstyp gehören cremige Haarkuren im Allgemeinen?	3
6. Nennen Sie wenigstens 3 häufige Wirkstoffe in Haarkuren und deren Eigenschaften.	9
7. Bei welchen Kopfhautanomalien können spezielle Haarkuren eine Besserung bewirken?	3
8. Von Haarkuren wird erwartet, dass sie auch neutralisierend und adstringierend wirken. Erklären Sie diese beiden Begriffe.	6

Erreichbare Punktzahl

9. Einige Friseurpräparate enthalten Basen, d. h. sie reagieren alkalisch. Zählen Sie solche Präparate auf. 3

10. Wie wirken schwache Basen auf die Haare? 2

11. Warum sind Haarkuren sauer eingestellt? 3

12. Auch andere Friseurpräparate reagieren sauer. Nennen Sie Beispiele. 3

13. Auf manchen Haarkuren finden Sie den Hinweis „pH 5,5“.
    a) Was bedeutet der pH-Wert allgemein?
    b) Wie reagiert ein Mittel mit dem pH-Wert 5,5? 4

14. a) Womit und b) wie können Sie auf einfache Weise feststellen, ob ein Präparat sauer, alkalisch oder neutral reagiert? 4

15. Nennen Sie 3 Beispiele für Säuren, die in Haarpflegemitteln enthalten sein können. 3

16. Haarpflegemittel können in Form und Anwendung verschieden sein. Nennen Sie drei wichtige Arten. 3

17. Mit welchen Argumenten können Sie Frau Gräbner eine Haarkur empfehlen? Formulieren Sie in wörtlicher Rede. 4

18. Welche Einwände könnte diese Kundin gegen eine Haarkur haben? 4

19. Die Kundin meint, dass man doch bei Verwendung eines Kurshampoos auf die Haarkur verzichten könnte. Wie können Sie auf diesen Einwand reagieren? 4

20. Beschreiben Sie die Anwendung einer Cremehaarkur. 3

21. Was bewirkt Wärmezugabe bei der Anwendung einer Haarkur? 2

22. Auch bei der Anwendung einer Haarkur ist an den Hautschutz zu denken. Welche Bestimmungen der TRGS 530 sind zu beachten? 3

23. Eine 500-ml-Dose Cremehaarkur kostet 14,20 €. Wie teuer ist das Kurmittel für eine Anwendung, wenn dazu 40 ml gebraucht werden? 3

24. Eine Glanzspülung wird im Verhältnis 2:1 verdünnt. Wie viel ml Spülkonzentrat werden für 150 ml gebrauchsfertige Spülung benötigt? 3

25. In einem Katalog werden Haarkuren in Portionsflaschen zu je 2,80 € angeboten.
    a) Wie teuer sind 60 Portionsflaschen im Einkauf, wenn bei dieser Menge 15 % Rabatt gewährt werden?
    b) Zu welchem Preis wird eine Flasche verkauft, wenn der Kalkulationszuschlag 60 % und die Mehrwertsteuer 16 % beträgt?
    (Gehen Sie von dem bei a) errechneten Nettoeinkaufspreis aus. Runden Sie den Endbetrag auf volle 10 Cent auf.) 6

Erreichbare Punktzahl

26. Kalkulieren Sie den Bruttobedienungspreis für eine Behandlung mit einer Haarkur nach folgenden Angaben: Arbeitszeit 10 min, Stundenlohn 7,20 €, Gemeinkostenzuschlag 120 %, Materialkosten (Kurmittel) 1,20 €, Gewinn 30 %, Mehrwertsteuer 16 %. (Endbetrag auf volle 10 Cent aufrunden.) 8

Punkte	0 – 24	25 – 44	45 – 62	63 – 78	79 – 90	91 – 100
Note	6	5	4	3	2	1

Fallbeispiel 3

Herr Meiningen, Mitte vierzig, ist zum Haarschneiden gekommen. Sein Haar ist am Oberkopf und Wirbel schon deutlich gelichtet, die Geheimratsecken sind ausgeprägt. Wegen des starken Nachfettens wäscht er die Haare täglich.

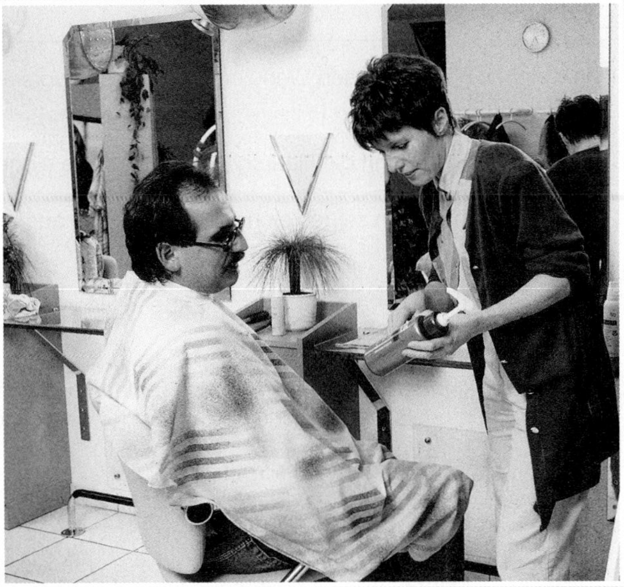

Fragen und Aufgaben	Erreichbare Punktzahl
1. Kunde: „Wissen Sie ein Mittel gegen meinen Haarausfall?“ Erklären Sie dem Kunden, um welche Art von Haarausfall es sich bei ihm vermutlich handelt und welche Behandlungsmöglichkeit es gibt.	6
2. Herr Meiningen erzählt von einem Bekannten, der auch „Haarausfall“ hatte. Bei dem sind aber fleckförmige Kahistellen entstanden und später sind die Haare wieder nachgewachsen. Um welchen Haarausfall hat es sich in diesem Fall gehandelt?	2
3. Nennen Sie eine weitere Art eines meist vorübergehenden Haarausfalls und seine möglichen Ursachen.	5
4. Kunde: „In Zeitschriften wird oft Reklame gemacht für Haarverpflanzungen. Was wird da gemacht?“	6
5. Wie können Sie mit dem Haarschnitt erreichen, dass das Haar etwas voller wirkt?	2
6. a) Welche Scherenart verwenden Sie bei diesem Kunden zum Ausdünnen der Haare an den Seiten und am Hinterkopf? b) Beschreiben Sie diesen Scherentyp.	3
7. Für welche Zwecke verwenden Sie die Modellierschere?	2
8. Beschreiben Sie a) die Reinigung und b) die Pflege von Haarschneidescheren.	4

	Erreichbare Punktzahl
9. In welchen Fällen müssen Werkzeuge nach der Hygiene-Verordnung desinfiziert werden?	4
10. Für welche Fälle kann die Haarschneidemaschine eingesetzt werden?	2
11. Bei Herrn Meiningen zeigen sich im Nacken zwei ausgeprägte Wirbel. Worauf müssen Sie beim Haarschneiden achten?	4
12. Bei den Germanen waren kurz geschnittene Haare verpönt. Begründen Sie das.	2
13. Wie hätte Herr Meiningen sein Problem mit dem Haarausfall wahrscheinlich gelöst, wenn er als wohlhabender Mann in der Barockzeit gelebt hätte?	2
14. Nennen Sie je eine Perückenform a) der Barockzeit, b) der Rokokozeit.	2
15. Welche Zusatzbehandlung sollten Sie Herrn Meiningen anbieten?	2
16. Auf Ihr Angebot, ein (antiseborrhöisches) Haarwasser anzuwenden, reagiert Ihr Kunde skeptisch: „Was habe ich davon, wenn es gegen den Haarausfall doch nicht hilft?“ Wie können Sie argumentieren?	6
17. Die Vorteile eines Haarwassers in Verbindung mit einer Kopfhautmassage sollten Sie dem Kunden – am besten während der Massage – auch bewusst machen. Formulieren Sie in wörtlicher Rede.	4
18. Haarwässer enthalten einen Alkoholanteil von 40 bis 60 %. Welche Alkohole kommen dafür in Frage?	2
19. Welche Vor- und Nachteile hat Isopropanol gegenüber Ethanol als Bestandteil von Haarwässern?	4
20. Welche Wirkungen werden von diesen Inhaltsstoffen in Haarwässern erwartet? a) Schwefelverbindungen, b) Panthenol, c) Kunstharze, d) Fettstoffe, e) Zinkpyrithion	10
21. Wie sollten Haarwässer bzw. Schnellkuren angewendet werden?	2
22. Als kompetente Mitarbeiter/in denken Sie auch an Zusatzverkäufe. Welche Erkenntnisse liefern Ihnen dafür Argumente?	6
23. Kalkulieren Sie den Bruttobedienungspreis (einschließlich Haarwäsche und Haarwasseranwendung): Arbeitszeit 50 min (Stundenlohn 7,80 €), Gemeinkostenzuschlag 140 %, Materialkosten (Spezialshampoo, Haarwasser) 2,70 €, Gewinn 30 %. Vergessen Sie die Mehrwertsteuer nicht und runden Sie den Endbetrag auf volle Euro auf.	8

Erreichbare Punktzahl

24. Herr Meiningen ist Ihren Argumenten gegenüber aufgeschlossen und kauft eine Flasche Spezialshampoo (6,80 €), eine Flasche Haarwasser (22,80 €) und ein After-shave (18,20 €).
    a) Was hat er für diesen Zusatzkauf zu zahlen, wenn er als Stammkunde 10 % Rabatt bekommt?
    b) Ihr Chef gewährt Ihnen auf Zusatzverkäufe eine Umsatzprämie von 5 %. Wie hoch ist Ihre Prämie in diesem Fall? 5

25. Mit welchem Kalkulationszuschlag kalkuliert Ihr Chef, wenn er für die Flasche Haarwasser, die für 22,80 € verkauft wird, im Einkauf 12,28 € bezahlt? 4

26. Ein Konkurrenzsalon wirbt damit, dass bei ihm nur für die bei jedem Kunden tatsächlich aufgewendete Zeit bezahlt zu werden braucht. Tatsächlich wird in diesem Salon mit dem Minutenkostensatz kalkuliert.
    Wie viel hätte Herr Meiningen in diesem Salon für den Haarschnitt allein bezahlt, wenn der Zeitaufwand dafür 25 min beträgt und der Minutenkostensatz bei 0,48 € liegt? (30 % Gewinn und die Mehrwertsteuer werden noch hinzu gerechnet.) 3

Punkte	0 – 24	25 – 44	45 – 62	63 – 78	79 – 90	91 – 100
Note	6	5	4	3	2	1

Fallbeispiel 4

Frau Hingers (links) kommt mit dem Bild (rechts) zu Ihnen: So wünscht sie sich ihre neue Frisur. Die Kundin ist Anfang dreißig. Ihr mittelblondes Haar ist nicht vorbehandelt und hat eine gesunde Struktur.

Fragen und Aufgaben	Erreichbare Punktzahl
1. Formulieren Sie drei Fragen, die Sie sich selber zu diesem Kundenwunsch stellen sollten.	6
2. Was sind die wesentlichen Merkmale der gewünschten Frisur?	3
3. Führen Sie drei wichtige Regeln an, die Sie bei der Ermittlung des Kundenwunsches beachten.	6
4. Mit welcher Schneidetechnik erzielen Sie a) das für diese Frisur nötige Volumen am Oberkopf, b) die fransig-lockeren Konturen?	2
5. Was versteht man unter Effilieren?	2
6. Beschreiben Sie kurz zwei Möglichkeiten der Spitzeneffilation.	4
7. Nennen Sie zwei Arbeitsfehler, die unschöne Lücken verursachen könnten.	4
8. Wie teilen Sie die Kopfhaarfläche für diesen Haarschnitt ein?	4
9. Bei der gewünschten Frisur bilden Haarsträhnen spitz zulaufende Flächen. Welche Wirkung wird damit erzielt?	2
10. Bei welcher Gesichtsform würde diese Frisur a) ausgleichend, b) betonend wirken?	4
11. Bei der jetzigen Frisur von Frau Hingers sind glatte Flächen vorherrschend. Wie wirken solche Flächen?	4
12. Bei der Wunschfrisur sind die Flächen der Stirn- und Oberkopfpartie geöffnet. Was erreicht man mit geöffneten Flächen als Gestaltungselement?	4

	Erreichbare Punktzahl
13. Mit dem zur Frisurenberatung geeigneten Computer können der Kundin die verschiedensten Frisuren demonstriert werden. Das Verfahren hat aber auch Nachteile. Nennen Sie dafür Beispiele.	4
14. Welche Fehler beim Umgang mit Scheren, Stielkämmen usw. können zu Verletzungen führen?	4
15. Wie können Sie gegen Haltungsschäden vorbeugen?	4
16. Welche Fehler beim Föhnen können zu Haarschädigungen führen?	4
17. Welche Vorteile haben Haarschneidescheren mit Einsatzringen aus Kunststoff?	4
18. Warum sollten bei der Frisurenberatung auch Körpergröße und Figur der Kundin berücksichtigt werden?	2
19. Frau Hingers hat Einwände gegen einen Festiger. Mit welchen Argumenten überzeugen Sie Ihre Kundin?	4
20. Frau Hingers ist eine wissbegierige Kundin: „Was ist denn in so einem Festiger alles drin?"	4
21. Worin unterscheidet sich eine Föhnlotion im Wesentlichen von einem Haarfestiger?	2
22. Zum Abschluss Ihrer Arbeit sollten Sie der Kundin bewusst machen, dass Sie ihren Frisurenwunsch realisiert haben. Formulieren Sie in wörtlicher Rede.	3
23. Sie benötigen für diesen Haarschnitt 40 min. Ihr Stundenlohn beträgt 7,35 €. Welchen Betrag muss Frau Hingers bezahlen, wenn mit 160 % Gemeinkostenzuschlag und 30 % Gewinn kalkuliert wird (üblicher Mehrwertsteuersatz)? (Bruttobedienungspreis auf volle 10 Cent aufrunden.)	8
24. Der Bruttobedienungspreis für einen Damenhaarschnitt beträgt 22,50 €. Wie hoch ist der Nettobedienungspreis (üblicher Mehrwertsteuersatz)?	5
25. Der Einkaufspreis für eine Dose Schaumfestiger beträgt 7,80 €. Wie hoch ist der Bruttoverkaufspreis, wenn mit einem Kalkulationszuschlag von 45 % gerechnet wird (aktuelle Mehrwertsteuer)? (Endbetrag auf volle 5 Cent aufrunden.)	5
26. Eine Portionsflasche Föhnlotion wird für 2,20 € angeboten. a) Wie teuer ist eine Packung mit einem Dutzend Flaschen? b) Wie lange reicht ein Vorrat von 10 Packungen, wenn täglich 8 Flaschen verbraucht werden?	2

Punkte	0 – 24	25 – 44	45 – 62	63 – 78	79 – 90	91 – 100
Note	6	5	4	3	2	1

Formverändernde Haarbehandlungen

Fallbeispiel 5

„Waschen und Legen“ ist heute der Wunsch von Frau Kanter.

Frau Kanter kommt regelmäßig alle 1 bis 2 Wochen in den Salon. Die Kundin ist mittelgroß und vollschlank. Bei ihrer bisherigen Frisur lagen die Schwerpunkte mehr an den Seiten. Sie schlagen der Kundin eine etwa diesem Bild entsprechende Frisur vor.

Fragen und Aufgaben	Erreichbare Punktzahl
1. Bei den Einlegetechniken lassen sich zwei Grundformen unterscheiden. Nennen Sie diese beiden Formen.	2
2. Welche Einlegetechniken kommen für diese Frisur in Frage?	2
3. Beschreiben Sie die Formung von Stehpapilloten.	6
4. Wie erhält man durch Papillotieren flachwellige Frisurenteile?	4
5. Welches Ergebnis erhalten Sie beim Papillotieren, wenn Sie die Haarsträhne beim Durchkämmen flach an den Kopf halten und dann vom Kopf weg über den Zeigefinger wickeln?	2
6. Was sind typische Merkmale der finger- oder handgelegten Wasserwelle?	2
7. Außer den flach auf dem Kopf liegenden Volumenwicklern gibt es auch senkrecht zu setzende Wickler. a) Wie heißen diese Wickler? b) Wer war der Erfinder dieser Wickeltechnik?	2
8. Die Ergebnisse bei der Anwendung von Volumenwicklern unterscheiden sich. Wie ist die Strähnenhaltung, wenn a) leicht volumige, b) füllig aufbauschende, c) flach anliegende Frisurenteile entstehen sollen?	3

Erreichbare Punktzahl

9. a) Welche Art von Linien beherrschen die oben abgebildete Frisur?
   b) Wie wirken solche Linien als Gestaltungselemente in der Frisur? 4

10. a) Wo liegt bei der von Ihnen vorgeschlagenen Frisur der Schwerpunkt?
    b) Warum ist eine solche Frisur für diese Kundin günstiger? 3

11. Die Umformung des Haares mit Hilfe von Wasser und Wärme, z. B. bei der, Wasserwelle, nennt der Fachmann auch reversible Umformung. Was meint man damit? 2

12. Beschreiben Sie die Aufgabe des Wassers bei einer reversiblen Haarumformung. 5

13. Welche Rolle spielt die Wärme bei der Haarumformung? 3

14. Warum leidet die mit Hilfe von Wasser und Wärme erzielte Umformung in feuchter Luft (Dampf, Nebel)? 4

15. Nennen Sie Geräte zur Haarumformung, die bei den alten Griechen oder unseren Vorfahren in Gebrauch waren, bevor es dazu elektrisch beheizte Geräte gab. 3

16. Als Friseur/in verwenden Sie unterschiedliche Arten von Kämmen. Für welche Zwecke verwenden Sie diese Kämme? 3

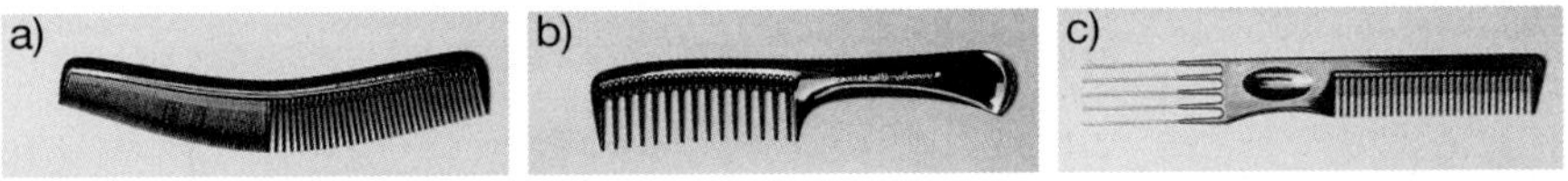

17. Frau Kanter möchte einen guten Frisierkamm kaufen. Welche Qualitätsmerkmale stellen Sie beim Verkaufsgespräch heraus? 3

18. Welche Kämme sind im Allgemeinen den im Spritzgussverfahren hergestellten qualitativ überlegen? 1

19. Wie müssen Kämme und Haarbürsten gepflegt werden? 3

20. Zum Frisurenfinish werden häufig Festiger verwendet. Nennen Sie verschiedene Arten von Festigern. 4

21. Was sind die Hauptbestandteile von Festigern? 2

22. Welchen besonderen Zusatz enthalten Aufhellungsfestiger? 1

23. a) Welche Vorteile haben Frisiercremes allgemein?
    b) Worin unterscheiden sich die Ö/W-Emulsionen in ihren Eigenschaften von den W/Ö-Cremes? 4

24. Wozu werden Haargele benutzt? 4

25. Warum sollten Sie anstatt Spraydosen Pumpspray benutzen? 4

	Erreichbare Punktzahl
26. Zum Trocknen der eingelegten Haare sitzt Frau Kanter 20 Minuten unter der Haube. Welche Stromkosten fallen dabei an, wenn die Trockenhaube eine Leistung von 1200 Watt aufnimmt und für 1 kWh 0,13 € zu bezahlen sind?	2
27. Ein Haarspray besteht aus 0,3 % Parfümöl, 2,5 % Filmbildner (nicht flüchtig), 40 % Ethanol und 57,2 % Treibmittel. a) Wie viel g flüchtige Stoffe gelangen bei einer Anwendung in die Luft, wenn dabei 20 g versprüht werden? b) Für wie viele Anwendungen reicht eine 500-ml-Dose?	5
28. Für „Waschen und Legen" werden in Ihrem Salon pauschal 35 Minuten Arbeitszeit angesetzt. Was hat Frau Kanter zu zahlen, wenn sich für Sie ein Stundenlohn von 7,40 € errechnet, mit 160 % Gemeinkostenzuschlag, 40 % Gewinn und der aktuellen Mehrwertsteuer kalkuliert wird? (Endbetrag auf volle 10 Cent aufrunden.)	8
29. Sie erhalten 200 Dosen Schaumfestiger (Listenpreis 4,55 € je Dose) geliefert. Die Firma gewährt 12 % Mengenrabatt und bei Bezahlung innerhalb von 10 Tagen 3 % Skonto. Welchen Betrag müssen Sie überweisen, wenn Sie beide Preisnachlässe ausnutzen?	5

Punkte	0 – 24	25 – 44	45 – 62	63 – 78	79 – 90	91 – 100
Note	6	5	4	3	2	1

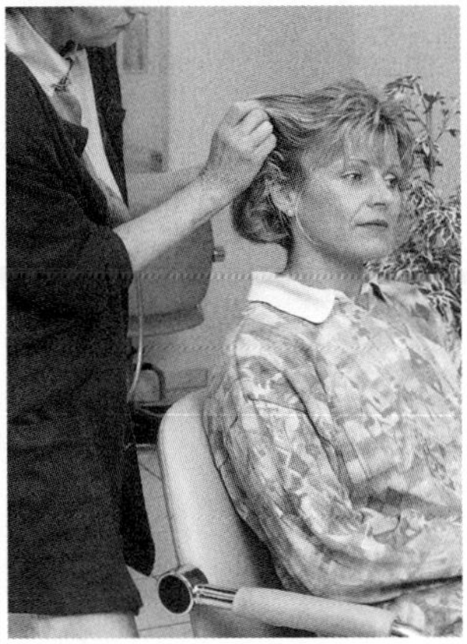

Fallbeispiel 6

Frau Käser, Anfang Vierzig, stellt sich ihre Frisur etwa so wie auf dem rechten Bild vor. Gegen eine Dauerwelle hat sie Einwände („Die macht meine Haare kaputt.").

Ihr mittelblondes Haar mit einem Weißanteil von ca. 20 % lässt sie regelmäßig hellblond nachfärben. Mit dem Messgerät ermitteln Sie eine Haardicke von durchschnittlich 0,07 mm.

Fragen und Aufgaben	Erreichbare Punktzahl
1. Wie können Sie auf den Einwand der Kundin reagieren? (Wörtliche Rede)	3
2. Welche Argumente sprechen in diesem Fall für eine Dauerwelle?	4
3. Die Vorbehalte gegen Dauerwellbehandlungen können unterschiedliche Ursachen haben. Nennen Sie solche Ursachen.	4
4. Was können Sie selber für eine positive Einstellung der Kunden zur Dauerwelle tun?	4
5. Die Vorstellungen von einer Dauerwelle und damit auch die Mittel und Techniken der Dauerwellbehandlung haben sich verändert. a) Welches Dauerwellverfahren gab es bis in die Mitte des 20. Jahrh.? b) Welche Nachteile hatte dieses Verfahren?	3
6. Was sind die wichtigsten Vorteile der heute üblichen „Kaltwelle" gegenüber dem älteren, von Karl Nessler erfundenen Dauerwellverfahren?	3
7. Wichtigster Inhaltsstoff der heutigen Wellmittel ist das Reduktionsmittel. Welche Stoffe kommen als Reduktionsmittel in Frage?	2
8. Warum muss jeder Wickler sorgfältig mit Dauerwellflüssigkeit befeuchtet werden?	4
9. Welche Aufgaben haben in Fixierungen a) das Oxidationsmittel, b) das Neutralisationsmittel?	
10. Wasserstoffperoxid ist ein Oxidationsmittel. a) Was versteht man allgemein unter Oxidation? b) Welche typische Eigenschaft haben Oxidationsmittel?	4

	Erreichbare Punktzahl
11. Wie reagieren (auch pH-Bereich angeben) a) die meisten Wellmittel, b) die Fixiermittel?	4
12. Worauf achten Sie bei der Haarwäsche vor einer Dauerwellbehandlung?	4
13. Warum empfehlen Sie in diesem Fall ein Vorbehandlungsmittel vor dem Dauerwellen? Was soll es bewirken?	4
14. Wie können Sie auch beim Dauerwellen auf den Umweltschutz achten?	4
15. Welche anderen Begriffe können Sie statt „Dauerwelle" im Gespräch mit der Kundin verwenden?	2
16. Wonach richten Sie sich bei der Auswahl der Wicklergröße und der Wickelmethode?	2
17. Warum ist die Beurteilung der Haarqualität beim Dauerwellen so wichtig?	2
18. Führen Sie Regeln an, die beim Dauerwellenwickeln zu beachten sind.	6
19. Was können Ursachen einer „Überkrausung" sein?	3
20. Erstellen Sie den Beurteilungs- und Behandlungsplan für Frau Käser (Fallbeispiel) oder ein anderes Modell. Geben Sie dabei Präparate aus dem Sortiment an, das Ihnen aus dem Salon bekannt ist. (Anhang, S. 173)	10
21. Für die Nachbehandlung zu Hause sollten Sie der Kundin Pflegetipps geben und Pflegeprodukte empfehlen. Formulieren Sie solche Pflegetipps und Produktempfehlungen in wörtlicher Rede.	4
22. Die 150-ml-Flasche eines Mittels zum Ausgleich der Haarstruktur vor dem Dauerwellen kostet 9,30 €. Wie teuer ist das Mittel für eine Behandlung (25 ml)?	2
23. Eine Packung enthält 1 kg Watteschnur, 1 m davon wiegt 9,5 g. a) Wie viel m Watteschnur befinden sich in der Packung? b) Für wie viele Dauerwellbehandlungen reicht die Packung, wenn dazu jeweils 45 cm gebraucht werden? c) Wie viel Gramm wiegt die Watteschnur, die für eine Behandlung erforderlich ist?	3
24. Von einem Wellmittel kostet die 1-Liter-Flasche 37,80 €. a) Wie viele Dauerwellen können damit angefertigt werden, wenn für eine Behandlung 75 ml benötigt wird? b) Wie teuer ist das Wellmittel für eine Behandlung?	2
25. Ein Wellmittel für normales Haar muss für heller gefärbtes Haar im Verhältnis 2:1 mit Wasser verdünnt werden. Wie viel ml Wasser und Wellmittel mischen Sie, um 75 ml gebrauchsfertige Lösung herzustellen?	3

Erreichbare Punktzahl

26. Wie viel g H_2O_2 sind in 1 Liter (= 1 kg) Fixiermittel enthalten, wenn auf der Flasche steht: „Enthält 3 % Wasserstoffperoxid"? 2

27. Berechnen Sie den Bruttopreis, den Frau Käser für ihre Dauerwelle zu zahlen hat: Arbeitszeit 1 Stunde und 20 Minuten, Stundenlohn 7,75 €, Gemeinkostensatz 175 %, Materialkosten 4,40 €, Gewinn 30 %, üblicher Mehrwertsteuersatz. (Endbetrag auf volle Euro runden.) 8

Punkte	0 – 24	25 – 44	45 – 62	63 – 78	79 – 90	91 – 100
Note	6	5	4	3	2	1

Fallbeispiel 7

Frau Neumüller, Ende fünfzig, ist mit ihrer Haarfarbe nicht recht zufrieden.

Auch Sie sind der Meinung, dass der zwar geringe Weiß-anteil und die etwas scheckige Haarfarbe Ihre Kundin älter machen als sie sonst wirkt.

Frau Neumüllers Haar ist leicht naturgewellt und nicht vorbehandelt.

Fragen und Aufgaben	Erreichbare Punktzahl
1. Wie könnten Sie Frau Neumüller für eine Farbbehandlung gewinnen?	4
2. Frau Neumüller: „Nein, ich möchte mir die Haare nicht färben lassen. Da muss man ständig zum Nachfärben gehen.“ Machen Sie Frau Neumüller einen Vorschlag.	3
3. Kundin: „Färbung? Tönung? Erklären Sie mir bitte den Unterschied.“	4
4. Nennen Sie allgemeine Aufgaben der Tönungsmittel.	4
5. Welche wichtigen Eigenschaften würden Sie auch noch anführen, wenn Sie den Unterschied zwischen Tönung und Färbung nicht der Kundin, sondern Ihrer Kollegin im zweiten Ausbildungsjahr erklären wollen?	6
6. Wie werden die Fertigfarbstoffe auch noch genannt?	1
7. Für Tönungen eignen sich auch Präparate mit pflanzlichen Farbstoffen. Nennen Sie Pflanzen, die solche Farbstoffe liefern.	3
8. Welche Arten von Tönungsmitteln sind a) für leichte Farbauffrischungen, b) für stärkere Farbveränderungen oder bei höherem Weißanteil geeignet?	4
9. Welche Art von Präparat empfehlen Sie bei Frau Neumüller?	2
10. Tönungsmittel unterscheiden sich in ihrer Deckkraft und Haltbarkeit. Welche Faktoren spielen dabei eine Rolle?	4

	Erreichbare Punktzahl
11. Frau Neumüller: „Ich habe da von „Intensivtönungen" gehört. Wäre so eine bei mir nicht noch besser?" Klären Sie Ihre Kundin auf.	4
12. Wie unterscheidet sich eine Schaumtönung von einer Tonspülung in der Anwendung?	2
13. Sie empfehlen Frau Neumüller eine Tönungsemulsion in der Nuance Mittelgoldblond. Was bedeuten die Nuancenbezeichnungen a) Asch, b) Silber, c) Matt, d) Gold?	4
14. Begründen Sie, warum bei der Kundenberatung, wenn es um Farben geht, neutrales Licht so wichtig ist.	4
15. Mit Tönungen können Haarfarben auch korrigiert werden. Warum nehmen Sie z. B. zum Abschwächen eines Rottons eine Mattnuance?	
16. Warum kann man mit Tönungen die Haarfarbe nicht aufhellen?	3
17. Haarfarben werden nach Farbtiefe und Farbrichtung bestimmt. a) Woraus ergibt sich die Farbtiefe? b) Wovon hängt die Farbrichtung (Nuance) ab?	4
18. Welche Wortbestandteile nennen bei der Farbbezeichnung „Hellgoldbraun" a) die Farbtiefe, b) die Farbrichtung?	4
19. Im Haar kommen hauptsächlich zwei Pigmenttypen vor. Nennen und beschreiben Sie diese beiden Pigmenttypen.	4
20. Wie heißen die farbstoffbildenden Zellen im Haarfollikel?	1
21. Wodurch kommt es zum „Ergrauen" der Haare?	3
22. Bei der Farbberatung ist die Wirkung der Farben zu bedenken. Welche Farben werden z. B. a) als kalt, b) als warm empfunden?	4
23. Tönungen eignen sich auch gut als Zusatzbehandlungen. Begründen Sie das.	2
24. Tönungsmittel können Sie der Kundin auch als Zusatzkauf zur Heimbehandlung anbieten. Welche Präparate kommen dafür hauptsächlich in Frage?	2
25. 10 Flaschen Tönungsemulsion (je 1000 ml) werden für 93,10 € eingekauft. a) Wie hoch ist der Einkaufspreis für eine Flasche, wenn 12 % Einführungsrabatt gewährt werden? b) Wie teuer sind 50 ml der Creme für eine Behandlung?	5

	Erreichbare Punktzahl
26. Was muss Frau Neumüller für ihre Behandlung bezahlen, wenn die folgenden Sätze zugrunde gelegt werden: Arbeitszeit 20 Minuten, Minutenkostensatz 0,40 €, Materialkosten 5,50 €, Gewinn 30 %, Mehrwertsteuer 16 %. (Auf volle 50 Cent aufrunden.)	7
27. Für eine Tonspülung werden 20 ml der konzentrierten Lösung mit Wasser auf 500 ml gebrauchsfertige Lösung verdünnt. a) Wie teuer ist das Mittel für eine Anwendung, wenn die 250-ml-Flasche des Konzentrats 16,20 € kostet? b) Berechnen Sie das Mischungsverhältnis.	4
28. Da Sie wissen, dass viele Kundinnen mit ihrer Haarfarbe unzufrieden sind, beraten Sie sie entsprechend und „verkaufen“ dadurch im Durchschnitt jeden Tag 2 Tönungen mehr als jede Ihrer vier Kolleginnen. Um wie viel könnte der jährliche Salonumsatz höher sein, wenn auch Ihre Kolleginnen so rührig wären wie Sie? (Preis je Tönung 16,00 €, 230 Arbeitstage je Jahr.)	2
29. Für zu Hause kauft Frau Neumüller noch 2 Portionsflaschen Colorfestiger (je 2,50 €), 1 Flasche Pflegeshampoo (5,60 €) und 1 Flasche Rasierwasser (11,25 €) für ihren Mann. Wie hoch ist Ihre Prämie, wenn Sie für Zusatzverkäufe eine 5 %ige Umsatzbeteiligung erhalten?	2

Punkte	0 – 24	25 – 44	45 – 62	63 – 78	79 – 90	91 – 100
Note	6	5	4	3	2	1

Fallbeispiel 8

Corinna ist eine modebewusste junge Kundin. Vor drei Wochen hat sie ihre von Natur aus dunkelblonden Haare mit einem Rotgoldton tönen lassen.

Ihre Kopfhaut ist empfindlich und neigt zu Hautreizungen.

Da ihr neuer Freund für blonde Frauen schwärmt, möchte sie ihre Haare platinblond färben. Sie halten diesen Farbwunsch für problematisch und schlagen ihr lichtblonde Strähnchen vor.

Fragen und Aufgaben	Erreichbare Punktzahl
1. Welche Gründe sprechen gegen den Farbwunsch dieser Kundin?	4
2. Corinna: „Und warum schadet eine Strähnenbehandlung meinem Haar nicht?“	3
3. Auch wenn die Kundin sich nicht dafür interessiert, müssen Sie die wichtigsten Inhaltsstoffe und Wirkprinzipien der Blondier- und Färbemittel kennen. Begründen Sie diese Behauptung.	4
4. Die beiden für die Aufhellung des Haares wichtigsten Bestandteile des gebrauchsfertigen Blondierbreis sind das Alkalisierungsmittel und das Oxidationsmittel. Welche Stoffe kommen a) als Alkalisierungsmittel, b) als Oxidationsmittel in Frage?	4
5. Beschreiben Sie die Aufgaben des Alkalisierungsmittels im Blondierpräparat.	4
6. Was geht beim Blondieren im Haar vor sich?	3
7. Warum wäre es schwer gewesen, bei Corinna ein Platinblond als Farbziel zu erreichen?	3
8. In welcher Reihenfolge ist das Blondierpräparat bei einer Erstblondierung aufzutragen? Begründen Sie diese Reihenfolge.	4
9. Warum muss vor einer Blondierung auch der Zustand der Kopfhaut beachtet werden?	3

	Erreichbare Punktzahl
10. Nennen Sie die Faktoren, von denen der Grad der Aufhellung abhängt.	3
11. Die Strähnchen bei Corinna würden Sie durch eine Hellerfärbung erzielen. Worin unterscheidet sich eine Hellerfärbung in der Wirkung von einer normalen Färbung?	4
12. Die üblichen Farbcremes enthalten als wichtigste Bestandteile Oxidationsfarbstoffe. Warum sind diese Oxidationsfarbstoffe haltbarer und deckkräftiger als z. B. die Fertigfarbstoffe in Tönungen?	3
13. Warum kommen für die Farbbehandlung bei Corinna keine Pflanzenfarben in Frage?	2
14. Pflanzenfarben haben einige Vorteile gegenüber den Oxidationsfarben. Zählen Sie solche Vorteile auf.	3
15. Manche Färbe- bzw. Colorationsmittel brauchen nicht mit H_2O_2 verarbeitet zu werden, obwohl sie Oxidationsfarbstoffe enthalten. Begründen Sie das.	2
16. Welche Aufgabe haben die Fertigfarbstoffe in den Haarfärbemitteln?	2
17. Farbcremes enthalten außer Farbbildnern und Alkalisierungsmittel noch weitere wichtige Inhaltsstoffe. Nennen Sie dafür noch zwei Beispiele.	2
18. Corinnas Haare wurden erst vor drei Wochen gefärbt. Warum müssen Sie das bei der jetzigen Behandlung berücksichtigen?	2
19. In welchen Fällen ist Vorpigmentieren angebracht?	3
20. Wie würden Sie bei Corinna bei einer Hellerfärbung beim Farbauftrag vorgehen? Begründen Sie Ihre Entscheidung.	4
21. Welche Strähnentechniken können Sie bei Corinna anwenden?	2
22. Warum ist zum Abschluss einer Färbung (auch Strähnenbehandlung) eine Nachbehandlung mit einem sauren Mittel (Haarkur) notwendig?	4
23. Eine Kundin will sich vor dem Urlaub noch die Haare (50 % Weißanteil) färben und eine neue Dauerwelle für eine stark lockige Frisur machen lassen. In welcher Reihenfolge führen Sie die beiden Behandlungen in diesem Fall am besten durch?	2
24. Wenn Sie Corinnas ursprünglichen Farbwunsch erfüllen wollten, müssten Sie einen Farbabzug vornehmen. Warum wäre ein saurer (reduktiver) Farbabzug in diesem Fall ungeeignet?	3
25. Erstellen Sie für Corinna einen Beurteilungs- und Behandlungsplan (Anhang, S. 174) nach dem Fallbeispiel. Führen Sie Arbeitstechniken und Präparate an, die Ihnen aus der Praxis vertraut sind.	7

Erreichbare Punktzahl

26. Für eine Borstenmischung werden 60 g Farbcreme mit 30 ml H_2O_2 12 %ig gemischt.
Welche H_2O_2-Konzentration hat der fertige Färbebrei? 4

27. Für eine Färbung benötigen Sie 90 ml H_2O_2 9 %ig. Da nur noch 12 %iges H_2O_2 vorrätig ist, verdünnen Sie es mit Wasser.
   a) Welche Mengen 12 %iges H_2O_2 und Wasser müssen Sie mischen?
   b) Wie teuer ist die hergestellte Lösung, wenn 1 Liter 12 %iges H_2O_2 8,15 € kostet? 6

28. Corinna zahlt für die Strähnenbehandlung 23,00 €.
Wie viel Euro Mehrwertsteuer sind in diesem Betrag enthalten? 3

29. Für eine Neufärbung benötigen Sie 45 Minuten (Stundenlohn 7,20 €). Der Gemeinkostensatz beträgt 135 %. Für Material sind 10,50 €, für den Gewinn 30 % und die Mehrwertsteuer 16 % zu rechnen.
Berechnen Sie den Bruttobedienungspreis für diese Färbung.
(Endbetrag auf volle Euro runden.) 7

Punkte	0 – 24	25 – 44	45 – 62	63 – 78	79 – 90	91 – 100
Note	6	5	4	3	2	1

Formverändernde Haarbehandlungen

Fallbeispiel 9

Frau Meissner ist ca. 40 Jahre alt und berufstätig. Sie ist am Nachmittag bei Ihnen, um sich die Haare tönen zu lassen. Dabei erzählt sie Ihnen, dass ihr Mann sie am Abend anlässlich ihres Hochzeitstages zum Essen ausführen wird. „Und übermorgen", verkündet sie begeistert, „geht es ab in den Urlaub."

Als aufmerksame und kreative Mitarbeiterin nutzen Sie diese Gelegenheit und bieten Ihrer Kundin auch eine Maniküre und ein Abend-Make-up an.

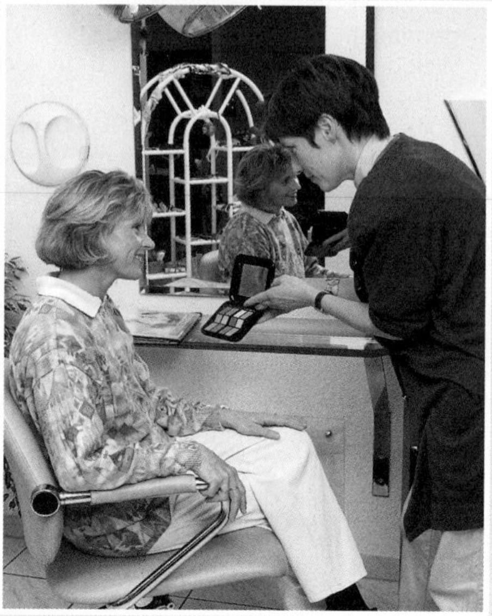

Fragen und Aufgaben

	Erreichbare Punktzahl
1. Wie könnten Sie Frau Meissner für ein Make-up als Zusatzbehandlung gewinnen? (Wörtliche Rede!)	4
2. Welche Argumente könnten diese Kundin veranlassen, sich auch gleich noch maniküren zu lassen?	3
3. Welche allgemeinen Zwecke sollte das fachgerechte Make-up erfüllen?	3
4. Nennen Sie Umstände und Gegebenheiten, die Sie beim Make-up für diese Kundin berücksichtigen werden.	3
5. Welche Grundregeln gelten für das Formen der Augenbrauen?	4
6. Wie könnten Sie mit dem Make-up erreichen, dass das schmale Gesicht von Frau Meissner etwas voller wirkt?	2
7. Die Augen der Kundin liegen etwas tief. Wie können Sie mit dem Augen-Make-up eine vorteilhaftere Wirkung erzielen?	2
8. Beschreiben Sie kurz die wichtigsten Schritte zur Ausführung dieses Abend-Make-ups.	4
9. Nennen Sie Bestandteile von Pudern.	3
10. Die Grundmasse eines Lippenstifts besteht in der Regel aus drei Bestandteilgruppen. Nennen Sie diese Bestandteilgruppen.	3

		Erreichbare Punktzahl
11.	Welche Arten von Farbstoffen sind in Lippenstiften enthalten?	3
12.	In welchen Fällen ist ein Camouflage-Make-up angebracht?	4
13.	Bei der Maniküre begegnet man auch Nagelanomalien. Was sind die häufigsten Nagelanomalien?	4
14.	Welche Anomalie der Nagelplatte ist eine Begleiterscheinung der Schuppenflechte?	2
15.	Zählen Sie die wichtigsten Schritte bei der Durchführung der Nagelpflege auf.	6
16.	Nagelhautentferner reagieren alkalisch und hauterweichend. Welche Inhaltsstoffe sind für diese Eigenschaften verantwortlich?	3
17.	Worauf ist beim Umgang mit Nagellack und Nagellackentferner zu achten?	2
18.	Frau Meissner klagt über ihre zu weichen Fingernägel. a) Welches Mittel zur Behandlung ihrer Nägel können Sie ihr empfehlen? b) Was ist in diesem Mittel der wichtigste Wirkstoff zur Härtung des Nagelkeratins?	2
19.	Wie gehen Sie beim Lackauftrag vor?	3
20.	Warum ist für den Urlaub am Strand in südlichen Ländern der richtige Lichtschutz besonders wichtig?	4
21.	Welche Grundregeln gelten für die Auswahl und Anwendung eines Lichtschutzmittels?	3
22.	Bei ungenügendem oder fehlendem Lichtschutz drohen Erkrankungen der Haut. Welche Hauterkrankungen können aus Lichtschäden entstehen?	3
23.	Zur Bräunung der Haut, ohne sich der Sonne aussetzen zu müssen, gibt es spezielle Bräunungsmittel. Nennen Sie zwei hautbräunende Wirkstoffe, die in solchen Mitteln enthalten sein können.	2
24.	Wegen des bevorstehenden Urlaubs können Sie bei Frau Meissner auch von einem Bedarf an Duftwässern ausgehen. Welche Präparate kommen für Ihre Kundin besonders in Frage?	2
25.	Worin unterscheidet sich ein Eau de Toilette im Wesentlichen von einem Parfüm?	2
26.	Lösungsmittel für die Parfümöle in Duftwässern und Parfüms ist Alkohol. Welcher Alkohol wird dafür verwendet?	1
27.	Für Duftwässer und Parfüms werden heute überwiegend synthetische Duftstoffe verwendet. Welche Vorteile haben diese gegenüber den pflanzlichen und tierischen Riechstoffen?	3

	Erreichbare Punktzahl
28. Sie bestellen 20 Kajalstifte (je 5,85 €), 5 Puderpinsel (je 3,30 €) und 6 Dosen Kompaktpuder (je 3,20 €). Wie hoch ist der Einkaufspreis für die ganze Lieferung, wenn 10 % Mengenrabatt und 2 % Skonto gewährt werden?	5
29. Ein Fläschchen Wimperntusche wird vom Vertreter für 4,90 € angeboten. Wie teuer verkauft der Saloninhaber ein Fläschchen, wenn er mit 55 % Kalkulationszuschlag und der aktuellen Mehrwertsteuer kalkuliert? (Verkaufspreis auf volle 5 Cent aufrunden.)	5
30. Für das Färben von Brauen und Wimpern benötigen Sie 15 Minuten. Mit welchem Minutenkostensatz rechnet Ihr Salon, wenn die Selbstkosten 5,85 € betragen?	1
31. Was hat Frau Meissner für die Maniküre zu zahlen, wenn Sie dafür 20 Minuten brauchen (Stundenlohn 7,20 €), mit einem Gemeinkostensatz von 150 %, einem Gewinn von 40 % und der üblichen Mehrwertsteuer kalkuliert wird? Für Material sind 3,00 € zu berechnen.	7
32. Wie hoch ist die gesamte Rechnung für Frau Meissner, wenn ihre Tönung 14,50 €, die Maniküre 11,25 € und das Abend-Make-up 16,00 € kostet und sie außerdem Sonnenschutzmittel für 13,75 € kauft? Als Stammkundin bekommt sie aber 10 % Rabatt auf den gesamten Rechnungsbetrag.	2

Punkte	0 – 24	25 – 44	45 – 62	63 – 78	79 – 90	91 – 100
Note	6	5	4	3	2	1

Fallbeispiel 10

Ihre Kundin, Frau Conradi, ist eine schlanke, sportliche Frau Anfang 40. Eine kosmetische Behandlung leistet sie sich nur gelegentlich. Sie bedienen sie zum ersten Mal.

Ihre Haut zeigt einige sommersprossenartige Pigmentflecken und kleine Fältchen um Mund- und Augenwinkeln. Sie selber meint, dass ihre Haut zu trocken ist.

Fragen und Aufgaben	Erreichbare Punktzahl
1. Was wird Frau Conradi von der kosmetischen Behandlung erwarten?	3
2. Welche Fragen sollten Sie vor Beginn der Behandlung im Gespräch mit der Kundin klären? (Formulieren Sie diese Fragen in wörtlicher Rede.)	6
3. In welchem Zustand sollte sich die Haut befinden, damit Sie die Hautfunktionen richtig beurteilen können?	3
4. Wie informieren Sie sich über die folgenden Hautfunktionen? a) Spannungszustand b) Reizempfindlichkeit c) Talgsekretion	6
5. Welche Merkmale wird die Haut dieser Kundin aufweisen, wenn sie, wie Frau Conradi meint, zu trocken ist?	3
6. Wie wird die aus Längsfurchen, Querfurchen und Poren entstehende Oberflächengestalt der Haut genannt?	1
7. Nennen Sie den Fachbegriff für trockene Haut.	1
8. Kundin: „Ich habe gehört, dass sich die Haut alle vier Wochen erneuert. Stimmt das?“	4
9. Wonach richten Sie sich bei der Auswahl des Mittels zur Gesichtsreinigung?	2

	Erreichbare Punktzahl
10. Frau Conradi hat erwähnt, dass sie sich nicht mit Seife waschen kann, weil dann ihre Gesichtshaut unangenehm spannt. Welche Eigenschaft der normalen Seifen ist daran hauptsächlich schuld?	1
11. Welche Art von Reinigungsmittel ist bei dieser Kundin am ehesten angebracht?	1
12. Worauf müssen Sie in diesem Fall bei der Auswahl des Gesichtswassers zur Nachreinigung achten?	2
13. In welchen Schritten erfolgt die Gesichtsreinigung?	4
14. In der Kosmetik werden je nach der beabsichtigten Wirkung unterschiedliche Massagearten angewandt. Nennen Sie die Massagearten.	6
15. Welche allgemeinen Zwecke soll die Massage erfüllen?	6
16. Worauf achten Sie bei der Gesichtsmassage besonders?	2
17. Nennen Sie Mittel und Maßnahmen, mit denen Sie die Haut nach der Massage adstringieren können.	3
18. Die kosmetische Behandlung sollte durch eine Packung oder Maske ergänzt werden. Welche Art von Packung/Maske ist bei Frau Conradi angebracht?	1
19. Mit welchen Argumenten könnten Sie Frau Conradi eine Gesichtspackung empfehlen?	4
20. Wodurch kann die Aufnahmefähigkeit der Haut bei der Anwendung einer Packung gesteigert werden?	2
21. Die typischen Masken sind undurchlässig für Körperwärme und Schweiß. Welche Hautreaktionen sind daher von einer solchen Maske zu erwarten?	4
22. Sie empfehlen Frau Conradi die regelmäßige Anwendung von Tages- und Nachtcremes. Beschreiben Sie wesentliche Unterschiede zwischen einer typischen Tages- und einer typischen Nachtcreme.	4
23. Frau Conradi legt Wert darauf, dass die Tagescreme „schnell einzieht". Ist das wirklich ein wichtiges Qualitätsmerkmal für eine Hautcreme?	4
24. Erstellen Sie für Frau Conradi einen Beurteilungs- und Behandlungsplan (Anhang, Seite 175).	7
25. Welchen Preis hat Frau Conradi für ihre Gesichtsbehandlung zu bezahlen? (Arbeitszeit 45 min, Minutenkostensatz 0,48 €, Gewinn 30 %, Mehrwertsteuer 16 %; Endbetrag auf volle 50 Cent aufrunden).	6

	Erreichbare Punktzahl
26. Frau Conradi kauft bei Ihnen auch ihre Kosmetika für den Urlaub: 1 Dose Tagescreme (8,90 €), 1 Dose Nachtcreme (9,20 €), 1 Flasche Sonnenmilch (12,45 €), 1 Flasche After-Sun-Lotion (7,80 €) und Augen-Make-up-Präparate (23,50 €). a) Welchem Betrag entspricht der gesamte Zusatzkauf? b) Sie erhalten vom Verkaufsumsatz 5 % Umsatzbeteiligung. Wie hoch ist Ihre Prämie?	3
27. Ihre Kundin bekommt von der Chefin einen Lippenstift im Wert von 8,95 € als Naturalrabatt. Welchem Prozentsatz vom gesamten Warenwert in Höhe von 71,30 € entspricht dieser Rabatt?	3
28. Für die Beratung beim Zusatzverkauf haben Sie ca. 5 min aufgewendet. Welche Selbstkosten fallen dafür an, wenn Sie den Minutenkostensatz von Aufgabe 25 zugrunde legen?	1
29. Ihr Chef kauft 10 Dosen Vitamincreme, die laut Preisliste je 6,85 € kosten. a) Wie hoch ist der Einkaufspreis für die ganze Lieferung, wenn 1 Dose als Naturalrabatt nicht berechnet wird? b) Berechnen Sie den Verkaufspreis für 1 Dose. Kalkulieren Sie dabei mit 70 % Kalkulationszuschlag und der üblichen Mehrwertsteuer. (Endpreis auf volle 10 Cent aufrunden.)	7

Punkte	0 – 24	25 – 44	45 – 62	63 – 78	79 – 90	91 – 100
Note	6	5	4	3	2	1

Lösungen – Teil 2

Fallbeispiel 1

1. Welches Shampoo empfehle ich?
   Wie wasche ich?
   Welche Nachbehandlung folgt?
2. Durch Betrachten und Befühlen des Haares, Betasten und Betrachten der Kopfhaut sowie durch Befragen der Kundin.
3. Es handelt sich vermutlich um den natürlichen Haarwechsel.
4. Um Schuppenflechte (Psoriasis)
5. 1 cm
6. Bei etwa 0,06 mm Durchmesser.
7. Die Haare könnten geschädigt werden und an Elastizität verlieren.
8. Von der Porosität
9. Sie nehmen aus feuchter Luft Wasser auf.
10. Verursacht wird diese Schuppenbildung hauptsächlich durch eine verstärkte Hautverhornung, eine Überfunktion der Talgdrüsen und auch durch Pilze und Bakterien auf der Kopfhaut.
11. Weil sie alkalisch reagieren und in hartem Wasser Kalkseife bilden.
12. Shampoos für fettige Haare haben eine höhere Tensidkonzentration und enthalten andere Wirkstoffzusätze.
13. a) Syndets
    b) Wirkstoffe, Parfümöle
14. Sie wirken desinfizierend.
15. Alkalifreie Seifen, Duschbäder, Reinigungsschäume
16. Tenside
17. Es ist Reinigungs-, Lösungs- und Verdünnungsmittel.
18. Wasser ist eine chemische Verbindung aus Wasserstoff und Sauerstoff.
19. Durch die gegenseitige Anziehung der Wassermoleküle.
20. Sie setzen die Oberflächenspannung des Wassers herab.
21. Den „Kalk"-gehalt des Wassers
22. Beim Erhitzen von hartem Wasser bildet es Kesselstein.
23. Schuppenshampoos lösen die Schuppen ab, hemmen das Wachstum von Hautpilzen und Bakterien und wirken gegen Juckreiz.
24. „Sie möchten sicher auch zu Hause Ihre Haare mit einem guten Markenshampoo pflegen. Das Shampoo, das ich bei Ihnen verwendet habe, können Sie auch in einem Heimbehandlungsset bekommen."
25. Es wird Wasser und Energie gespart.
26. Die Haarlängen und -spitzen werden geschont.
27. Beispiele:
    Zum Auftragen des Shampoos ist eine Auftragsflasche zu verwenden.
    Beim Haarewaschen ist das Tragen von Waschhandschuhen vorgeschrieben.
    Es darf kein Arm- oder Handschmuck getragen werden.
28. Da Sie viele Köpfe am Tag waschen müssen, würde die ungeschützte Haut stark entfettet und dadurch anfällig.
29. Oberflächliche Beurteilung von Haar und Kopfhaut; Anwendung unverdünnter Konzentrate; Nichtberücksichtigen der nachfolgenden Behandlung, z. B. einer Dauerwelle; unzureichendes Ausspülen des Shampoos.

30. a) 5 Teile = 60 ml
    1 Teil = 60 ml : 5 = <u>12 ml Konzentrat</u>
    4 Teile = 12 ml · 4 = <u>48 ml Wasser</u>
    b) 1 l = 1 000 ml kosten 13,80 €
    1 ml kosten 13,80 E : 1000 = 0,0138 €
    12 ml kosten 0,0138 € · 12 = <u>0,17 €</u>

31. 7 l · 10 = 70 l
    70 l · 220 = 15 400 l
    15 400 l = <u>15,4 m³</u>

32. a) 1 Std. = 60 min = 1 000 W
    15 min = 1 100 W : 4 = 275 W = <u>0,275 kWh</u>
    b) 1 kWh = 1 000 W kosten 0,15 €
    1 W kosten 0,15 € : 1 000 = 0,00015 €
    275 W kosten 0,00015 € · 275 = <u>0,04 €</u>

33.

Lohnkosten	4,47 €
Gemeinkosten	6,25 €
Selbstkosten	10,72 €
Gewinn	3,22 €
Nettobedienungspreis	13,94 €
Mehrwertsteuer	2,23 €
Bruttobedienungspreis	16,17 €
	≈ 17,00 €

Fallbeispiel 2

1. a) Wellmittel und Färbemittel
   b) Sonne, trockene Luft, zu heißes Föhnen, starkes Reiben beim Trocknen
2. Bei unbeschädigter Schuppenschicht liegen die Schüppchen flach an und die Haare zeigen einen natürlichen Glanz. Bei geschädigter Schuppenschicht sieht das Haar stumpf und glanzlos aus.
3. Gespaltene Spitzen (Haarspliss)
4. Schönen Glanz, mehr Fülle, bessere Frisierbarkeit
5. a) Gemische aus Fetten und Wasser
   b) Zum Ö/W-Typ
6. Beispiele: Kräuterextrakte (entzündungshemmend, durchblutungsfördernd, adstringierend), Proteine (mildern Strukturschäden des Haares), Panthenol (erhöht die Geschmeidigkeit der Haare, wirkt reizlindernd, hemmt die Schuppenbildung)
7. Bei Schuppen, fettiger oder trockener Kopfhaut
8. Wenn sich Basen und Säuren in ihrer Wirkung gegenseitig aufheben, spricht man von Neutralisation. Unter Adstringieren versteht man das Entquellen (Zusammenziehen) und Glätten z. B. der Haare nach einer alkalischen Behandlung.
9. Wellmittel, Haarfarben, Blondiermittel, Nagelhautentferner
10. Sie quellen und erweichen die Haare.
11. Sie sollen die Haare, besonders nach alkalischen Behandlungen, adstringieren und Basenrückstände neutralisieren.
12. Fixierungen, Gesichtswässer, Rasierwässer, Wasserstoffperoxidlösungen
13. a) Der ph-Wert ist ein Maßstab für die Stärke einer Base oder Säure.
    b) ph 5,5 bedeutet, dass die Haarkur schwach sauer reagiert.
14. a) Mit Lackmuspapier
    b) Säuren färben rotes Lackmuspapier blau.
15. Milch-, Wein-, Zitronen- und Salicylsäure
16. Cremekuren, Haarspülungen, Schnellkuren
17. „Eine auf Ihr Haar abgestimmte Cremekur gibt Ihrem Haar mehr Glanz und macht es frisierwilliger."
18. „Die Haarkur ist bei Ihnen aber teuer." „Nach einer Haarkur waren bei mir die Haare ganz schlaff."
19. Kurshampoos sind tatsächlich Kombinationen von Shampoo und Pflegemittel. Sie können aber nicht so intensiv pflegen wie eine auf den Haarzustand abgestimmte Cremekur, die ja auch viel länger auf das Haar einwirkt.
20. Cremehaarkuren werden direkt aus der Tube oder mit dem Flachpinsel auf das gescheitelte Haar aufgetragen.
21. Wärmezugabe intensiviert die Wirkung und verkürzt die Einwirkzeit.
22. Wie bei allen Nassarbeiten sind Arm- und Handschmuck abzulegen. Beim Auftragen und Ausspülen sind Schutzhandschuhe vorgeschrieben.

23. 500 ml kosten 14,20 €
    1 ml kostet 14,20 € : 500 = 0,0284 €
    40 ml kosten 0,0284 € · 40 =
    1,136 € ≈ <u>1,14 €</u>

24. MV = 2 : 1
    3 Teile = 150 ml
    1 Teil = 150 ml : 3 = 50 ml
    2 Teile = 50 ml · 2 = <u>100 ml Konzentrat</u>

25. a) 2,80 € · 60 = 168,00 €
    1 % von 168,00 € = 1,58 €
    85 % = 1,68 € · 85 = <u>142,80 €</u>

    b) 142,80 € : 60 = 2,38 €

Einkaufspreis	2,38 €
Kalkulationszuschlag	1,43 €
Nettoverkaufspreis	3,81 €
Mehrwertsteuer	0,61 €
Bruttoverkaufspreis	4,42 €
	≈ 4,50 €

26.

Lohnkosten	1,20 €
Gemeinkosten	1,44 €
Materialkosten	1,20 €
Selbstkosten	3,84 €
Gewinn	1,15 €
Nettobedienungspreis	4,99 €
Mehrwertsteuer	0,80 €
Bruttobedienungspreis	5,79 €
	≈ 5,80 €

Fallbeispiel 3

1. „Nach dem Erscheinungsbild handelt es sich bei Ihnen wahrscheinlich um den androgenetischen Haarausfall, das heißt, Sie haben die Anlage dazu geerbt. Es gibt jetzt ein verschreibungspflichtiges Medikament („Propecia") gegen diesen Haarausfall. Es ist aber ziemlich teuer und soll unangenehme Nebenwirkungen haben. Außerdem wirkt es nur, so lange es eingenommen wird."
2. Um den kreisrunden Haarausfall
3. Diffuser Haarausfall. Er kann nach schweren Krankheiten, Vergiftungen oder Behandlungen mit bestimmten Medikamenten (Chemotherapie) auftreten.
4. „Es gibt die Haartransplantation, bei der Hautteile mit den Haarwurzeln aus dem noch vorhandenen Haarkranz in die Kahlstellen verpflanzt werden. Dort wachsen die Haare dann weiter. Bei der Haarinplantation werden Kunsthaare in die kahle Kopfhaut eingepflanzt. Diese Haare können aber mit der Zeit abbrechen und müssen dann ersetzt werden.
5. Das Haar wirkt voller, wenn es kurz und stumpf geschnitten wird.
6. a) Die Effilierschere
   b) Sie hat an beiden Scherenblättern eine Zahnung.
7. Zum Vorschneiden von Übergängen
8. a) Schere öffnen und die Scherenblätter nacheinander durch ein gefaltetes Zellstofftuch ziehen
   b) Auf die Schraube einen Tropfen Öl geben und die Schere dann mehrmals öffnen und schließen
9. Unbedingt desinfiziert werden muss, wenn die Geräte mit Blut verunreinigt wurden.
10. Haarschneidemaschinen werden zum Schneiden von Übergängen und zum Erstellen von Kurzhaarschnitten benutzt.
11. Wenn die Wirbelhaare zu kurz geschnitten werden, stehen sie ab.
12. Langes Haar galt als Symbol des freien Mannes.
13. Er hätte sich wahrscheinlich eine oder mehrere Perücken anfertigen lassen.
14. a) Allongeperücke
    b) Beutelperücke
15. Haarwasser und Kopfhautmassage
16. „Sie haben Recht damit, dass ein Haarwasser die frühere Haarpracht nicht wieder zurückbringen kann. Aber es enthält Wirkstoffe, die die Durchblutung der Kopfhaut und damit die Versorgung der Haarwurzeln verbessern. Außerdem gibt das Haarwasser der Frisur besseren Halt und dem Haar Glanz.
17. „Spüren Sie die entspannende und beruhigende Wirkung? Die Kunden schätzen es auch, wie dieses Haarwasser den Juckreiz beseitigt und die Kopfhaut erfrischt."
18. Ethanol und Isopropanol
19. Isopropanol löst Fett- und Wirkstoffe besser, wirkt stärker desinfizierend und ist billiger als Ethanol, aber es riecht unangenehmer.
20. a) Schwefelverbindungen wirken desinfizierend und antiseborrhöisch.
    b) Panthenol erhöht die Geschmeidigkeit des Haares, wirkt reizlindernd und hemmt die Schuppenbildung.
    c) Kunstharze geben der Frisur Halt und schützen das Haar vor Feuchtigkeit und Austrocknung.
    d) Fette machen die Haare geschmeidig, wirken rückfettend und geben Glanz.
    e) Zinkpyrithon wirkt gegen die Schuppenbildung.
21. Sie werden aus der Ampulle bzw. Auftrageflasche bei gescheiteltem Haar direkt auf die Kopfhaut aufgetragen und einmassiert.
22. Der Kunde wäscht sich täglich die Haare, also benötigt er ein mildes Shampoo. Die angenehmen Wirkungen der Haarwasseranwendung hat er bestätigt, also ist er wahrscheinlich einem entsprechenden Angebot nicht abgeneigt. Seine gepflegte Erscheinung lässt darauf schließen, dass er auch Rasierwasser verwendet.

23.

Lohnkosten	6,50 €
Gemeinkosten	9,10 €
Materialkosten	2,70 €
Selbstkosten	18,30 €
Gewinn	5,49 €
Nettobedienungspreis	23,79 €
MwSt	3,81 €
Bruttobedienungspreis	27,60 €
	≈ 28,00 €

24. a)

Spezialshampoo	6,80 €
Haarwasser	22,80 €
Aftershave	18,20 €
Bruttopreis	47,80 €
Rabatt	4,78 €
Nettopreis	43,02 €
	= 43,00 €

b) 5 % von 43,00 € = 2,15 €

25.

Bruttoverkaufspreis (116 %)	22,80 €
MwSt (16 %)	3,14 €
Nettoverkaufspreis	19,66 €
Einkaufspreis (100 %)	12,38 €
Kalkulationszuschlag	7,38 €
	≈ 60% (vom Einkaufspreis)

26.

Selbstkosten 0,48 € · 25 =	12,00 €
Gewinn	3,60 €
Nettobedienungspreis	15,60 €
Mehrwertsteuer	2,50 €
Bruttobedienungspreis	18,10 €

Fallbeispiel 4

1. – Passt die gewünschte Frisur zu dieser Kundin?
   – Eignet sich das Haar (Länge, Stärke, Volumen) für diese Frisur?
   – Welche Schneidetechnik wende ich an?
2. Ohren frei; Hinterkopf und Seitenpartien anliegend und stark gestuft; Nacken etwas länger, volumiger Oberkopf; fransiger Frisurenabschluss zum Gesicht
3. – Offene Fragen stellen.
   – Kundin ausreden lassen.
   – Kundenaussagen wiederholen.
4. a) Durch Stützeffilation
   b) Durch Längeneffilation
5. Das Einschneiden verschiedener Haarlängen
6. – Toupierbewegungen mit der Haarschneideschere an der Strähne zum Kopf hin
   – Pinselartiges Ausschneiden der Spitzen mit der Haarschneideschere
7. Nichtbeachten des natürlichen Falls und falsche Strähnenhaltung
8. Oberkopf und Pony: Rundscheitel ab Augenhöhe um den Kopf
   Hinterkopf: ab Rundscheitel bis Ohrläppchen zu Ohrläppchen
   Nacken: Querscheitel von Ohrläppchen zu Ohrläppchen
9. Die Spitzen lenken den Blick zum Gesicht.
10. a) Bei einem rundlichen Gesicht
    b) Bei einem länglich-schmalen Gesicht
11. Glatte Flächen wirken schlicht, aber auch elegant, wenn das Haar gepflegt und exakt geschnitten ist.
12. Geöffnete Flächen können Unruhe und Bewegung in die Frisur bringen, besonders wenn damit Kontraste erzeugt werden.
13. Es könnten bei der Kundin Frisurenwünsche geweckt werden, die mit der vorhandenen Haarfülle und -qualität nicht zu verwirklichen sind.
    Der Geräteeinsatz und der Zeitaufwand müssen extra berechnet werden oder sie verteuern die Bedienung über die Gemeinkosten.
14. Aufbewahrung dieser Geräte in der Kitteltasche, unvorsichtiger Umgang damit beim Reinigen.
15. Nicht in verdrehter oder gebückter Haltung arbeiten; Rollhocker, Stehhilfen oder höhenverstellbare Bedienungsstühle benutzen.
16. Zu heißes, zu langes und zu häufiges Föhnen bei zu geringem Abstand zum Haar.
17. Sie sind weicher und dadurch für die Finger angenehmer, außerdem verhindern sie Hautkontakt mit allergieauslösenden Metallen.
18. Weil Form und Volumen der Frisur mit Größe und Figur der Kunden harmonisieren sollten.
19. „Der Festiger gibt Ihrer Frisur Halt und schützt das Haar vor Austrocknung und Feuchtigkeit."
20. Kunstharze, Lösungsmittel, Feuchthaltemittel, Wachse, Öle, Parfümöle, evtl. Farbstoffe.
21. Föhnlotionen enthalten weniger oder weichere Kunstharze.
22. „Sehen Sie, durch die Schneidetechnik bekommt Ihre Frisur eine interessante Struktur und der Oberkopf hat mehr Fülle."

23.

Lohnkosten	4,90 €
Gemeinkosten	7,84 €
Selbstkosten	12,74 €
Gewinn	3,82 €
Nettopreis	16,56 €
MwSt	2,65 €
Bruttopreis	19,21 €
	≈ 19,30 €

24.

Bruttopreis (116 %)	22,50 €
MwSt (16 %)	– 3,10 €
Nettopreis (110 %)	19,40 €

25.

Einkaufspreis	7,80 €
Kalkulationszuschlag	3,51 €
Nettoverkaufspreis	11,31 €
MwSt	1,81 €
Bruttoverkaufspreis	13,12 €
	≈ 13,15 €

26. a) 1 Dutzend (12 Fl.) 26,40 €
    b) 120 : 8 = 15 Tage

Fallbeispiel 5

1. Wellentechniken und Lockentechniken
2. Einlegen mit Volumenwicklern oder Stehpapilloten
3. Die Haarsträhne wird senkrecht zur Kopfoberfläche gekämmt, das gewünschte Volumen mit dem Zeigefinger vorgeformt und die Haarsträhne dann ringförmig in den entstandenen Hohlraum eingebettet.
4. Wenn man Flachpapilloten mit wechselnder Wickelrichtung reihenweise versetzt anordnet.
5. Abstehende und aufspringende Locken
6. Flachwellige Frisuren mit ausgeprägten Wellenkanten
7. a) Steilformwickler
   b) Georg Kramer
8. a) Rechtwinklig
   b) Stumpfwinklig
   c) Spitzwinklig
9. a) Gebogene Linien (Locken)
   b) Weich und anschmiegsam, locker
10. a) Am Oberkopf
    b) Die Kundin erscheint dadurch größer.
11. Eine im Unterschied zur Dauerwelle nur kurzfristig haltbare Umformung
12. Das Wasser lockert die Salz- und Wasserstoffbrücken im Haarkeratin und quillt das Haar. Beim Trocknen entstehen diese Verbindungen in einer neuen Stellung. Dadurch geben sie dem Haar die Form.
13. Durch die Wärme wird das Haar erweicht und die Trocknung des Haares beschleunigt.
14. Die Haare nehmen aus der Luft Feuchtigkeit auf. Diese lockert die im Haar neu entstandenen Verbindungen und das Haar nimmt wieder die alte Form an.
15. Calamistrum, Kreppeisen, Quetscheisen, Ondulierеisen
16. a) Zum Modellieren feiner Locken und Legearbeiten (Wasserwellen)
    b) Zum Auflockern und Durchkämmen von langem und kräftigem Haar und zum Finish von luftgetrockneten Natur- und Dauerwellen
    c) Mit unterschiedlich langen Zähnen zum Toupieren. Spezialtoupierkamm mit gabelartig gezahntem Teil zum Formen der Frisur.
17. Glatte Oberfläche, abgestumpfte Spitzen an den Zähnen und richtige Elastizität
18. Die gesägten Kämme
19. Kämme und Bürsten sind nach jeder Benutzung mechanisch von anhaltenden Haaren zu säubern und bei Bedarf z.B. mit Shampoolösung gründlich zu reinigen.
20. Föhnfestiger, Kurfestiger, Tönungsfestiger, Aufhellungsfestiger, Schaumfestiger
21. Lösungsmittel (Alkohol), Kunstharze
22. Wasserstoffperoxid
23. a) Frisiercremes wirken rückfettend und machen die Haare geschmeidig und glänzend.
    b) Ö/W-Cremes glänzen weniger und lassen sich leichter auswaschen als W/Ö-Cremes.
24. Haargele sollen die Frisur in Form halten und/oder einen modischen Nasseffekt erzeugen.
25. – Weniger „dicke" Luft im Salon ist besser für die Atemwege.
    – Nachfüllbare Flaschen vermindern die Abfallmenge.
26. 60 Minuten = 1 200 Watt
    20 Minuten = 400 Watt
    1 kWh (1 000 W) kosten 0,13 €
    400 Watt kosten 0,05 €
27. a) Von 20 g sind
       0,3 % = 0,06 g Parfümöl
       40 % = 8,00 g Ethanol
       57,2 % = 11,44 g Treibmittel
       19,50 g flüchtige Stoffe
    b) 500 ml : 20 ml = 25 Anwendungen
28.

Lohnkosten	4,32 €
Gemeinkosten	6,91 €
Selbstkosten	11,23 €
Gewinn	4,49 €
Nettobedienungspreis	15,72 €
Mehrwertsteuer	2,52 €
Bruttobedienungspreis	18,24 €
	≈ 18,30 €

29.

4,55 € · 200 =	910,00 €
12 % Rabatt	– 109,20 €
	800,80 €
3 % Skonto	24,02 €
Überweisung	776,78 €

Fallbeispiel 6

1. „Wir haben speziell für solche Fälle ein mildalkalisches Wellmittel, mit dem Ihr Haar auf schonende Weise umgeformt wird."
2. – Die gewünschte Frisur braucht mehr Volumen.
   – Die Frisur kann mit einer Dauerwelle besser variiert werden.
   – Gewelltes Haar schmeichelt dem Gesicht, lässt es weicher erscheinen.
3. – Unangenehme Erfahrungen mit Dauerwellbehandlungen (zu starke Krause, Kopfjucken, Haarschädigungen) oder
   – grundsätzliche Abneigung gegen chemische Behandlungen.
4. Mich gründlich informieren, die Haare sorgfältig beurteilen, Kunden einfühlsam beraten und Behandlungen fachgerecht durchführen.
5. a) Heißdauerwelle
   b) Umständliches Verfahren, starke Beanspruchung des Haares
6. Es ist weniger haarschädlich durch geringere Alkalität und niedrigere Temperatur.
7. Ammoniumthioglykolat und Ammoniumthiolactat
8. Das Wellmittel quillt das Haar, lockert die Salz- und Wasserstoffbrücken, spaltet die Disulfidbrücken und macht das Haar formbar.
9. a) H_2O_2 festigt durch Oxidation die Disulfidbrücken wieder.
   b) Säuren neutralisieren Alkalirückstände und adstringieren das Haar.
10. a) Unter Oxidation versteht man die Verbindung eines Stoffes mit Sauerstoff.
    b) Oxidationsmittel können Sauerstoff abgeben.
11. a) Schwach alkalisch, ph 7,1 bis 9
    b) Schwach sauer, pH 2–6
12. Die Kopfhaut darf nicht massiert werden, damit der schützende Talgfilm möglichst erhalten bleibt.
13. Die Haare sind durch das regelmäßige Hellerfärben strapaziert. Das Vorbehandlungsmittel soll die Saugfähigkeit der porösen Partien herabsetzen und strukturausgleichend wirken.
14. Durch Verwendung von Präparaten in wiederverwertbaren Flaschen und Abstimmung der Präparatmenge auf die Haarfülle und Haarlänge.
15. Strukturumwandlung, Umformung, Formgebung
16. Nach der Art der Frisur, der Haarstärke evtl. dem Fall des Haares
17. Nach der Haarqualität richtet sich die Wahl des Wellmittels, die Länge der Einwirkzeit, die Wärmeanwendung und evtl. eine Vor- oder Nachbehandlung.
18. – Form der Frisur und Fall des Haares beachten
    – Bei der Wicklerwahl die Haarstärke berücksichtigen
    – Länge und Breite des Passes auf die Wicklergröße abstimmen
    – Spitzen glatt einlegen
19. – Zu lange Einwirkzeit
    – Falsches (zu starkes, alkalisches) Wellmittel
    – Zu intensive Wärmezufuhr
20. Haarzustand: heller gefärbt
    Längen und Spitzen porös
    Haarstärke: normal
    Haarlänge: mittellang
    Kopfhaut: keine Veränderungen
    Kundenwunsch: luftgetrocknete Frisur
    Umformungsziel: Locken
    Präparate entsprechend dem Ihnen bekannten Sortiment
21. „Frottieren Sie das Haar nicht nach dem Waschen, sondern drücken Sie das Wasser mit dem Handtuch aus dem Haar. Föhnen Sie das Haar auch nicht zu heiß."
    „Zur Pflege empfehle ich Ihnen dieses Pflegeset. Es ist auf Ihr heller gefärbtes und dauergewelltes Haar abgestimmt."
22. 150 ml kosten 9,30 €
    25 ml kosten <u>1,55 €</u>
23. a) (1 kg =) 1 000 g : 9,5 g = <u>105,3 m</u>
    b) 105,3 m : 0,45 m = <u>234 Behandlungen</u>
    c) 9,5 g · 0,45 = <u>4,3 g</u>

24. a) (1 l =) 1 000 ml : 75 ml =
13 Behandlungen

b) 1000 ml kosten 37,80 €
75 ml kosten 2,84 €

25. MV = 2 : 1 3 Teile = 75 ml
1 Teil = 25 ml Wasser
2 Teile = 50 ml Wellmittel

26. 3 % von 1 000 g =
30 g Wasserstoffperoxid

27.

Lohnkosten	10,33 €
Gemeinkosten	18,08 €
Materialkosten	4,40 €
Selbstkosten	32,81 €
Gewinn	9,81 €
Nettopreis	42,65 €
Mehrwertsteuer	6,82 €
Bruttopreis	49,47 €
	≈ 50,00 €

Fallbeispiel 7

1. „Sie sind mit Ihrer Haarfarbe nicht zufrieden? Ich meine auch, dass eine Farbbehandlung Ihre Haarfarbe auffrischen und die weißen Haare, die ja noch nicht viel sind, abdecken würde. Außerdem würde die Haarfarbe insgesamt gleichmäßiger."
2. „Da haben Sie Recht. Eine Färbung würde ich Ihnen auch noch nicht empfehlen. Für das, was ich Ihnen vorgeschlagen habe, genügt eine Tönung."
3. Bei einem höheren Weißanteil decken Tönungen nicht mehr ausreichend ab. Auch heller färben kann man mit einer Tönung nicht. Tönungen lassen sich wieder auswaschen. Bei Färbungen muss man regelmäßig nachfärben. Fönungen pflegen das Haar und sind außerdem viel billiger.
4. – Belebung ausdrucksloser Naturtöne
   – Veränderung der Farbrichtung
   – Abdecken geringer Weißanteile
   – Korrektur unerwünschter Farbtöne
5. Färbe- und Colorationsmittel enthalten neben Fertigfarbstoffen auch Oxidationsfarbstoffe und müssen daher mit H_2O_2 verarbeitet werden. Sie reagieren alkalisch und können die Haarstruktur beeinträchtigen. Tönungen enthalten nur Fertigfarbstoffe und sind daher weniger deckkräftig und haltbar, aber sie greifen nicht in die Haarstruktur ein.
6. Direkt ziehende Farbstoffe
7. Henna, Kamille, Indigo, Walnuss, Salbei
8. a) Tönungsfestiger, Tonspülungen
   b) Schaumtönungen, Tönungsemulsionen
9. Eine Tönungsemulsion, z. B. …
10. – Größe der Farbstoffmoleküle
    – Ladung der Farbstoffteilchen
    – Haarstruktur
    – Einwirkzeit
    – Art der Trägersubstanz
11. Intensivtönungen halten länger im Haar. Zum Ausprobieren würde ich Ihnen allerdings eine Tönung empfehlen. Die lässt sich wieder völlig auswaschen.
12. Die Tonspülung verbleibt im Haar, die Schaumtönung wird wieder ausgespült.
13. a) Blaugrau
    b) Violett
    c) Grün
    d) Gelb
14. Von einem Gegenstand, z. B. dem Haar, können nur Lichtanteile reflektiert werden, die in dem vorhandenen Licht enthalten sind. Fehlen im Licht, z. B. die Gelbrotanteile, sieht der Gegenstand aschiggrau aus.
15. „Matt"-nuancen enthalten grüne Farbstoffe. Rot und Grün sind Komplementärfarben, die sich im Farbkreis gegenüberliegen. Komplementärfarben schwächen sich gegenseitig ab.
16. Tönungen ergeben mit der Farbe des Haares eine subtraktive Farbmischung, die immer dunkler ist als die Ausgangsfarben.
17. a) Die Farbtiefe ergibt sich hauptsächlich aus der Menge der Pigmente.
    b) Die Farbrichtung hängt ab von der Art und dem Mischungsverhältnis der Pigmente.
18. a) Hellbraun
    b) Gold
19. Eumelanine, das sind die dunklen, braunen bis schwarzen Pigmente. Die helleren Pigmente heißen Phäomelanine.
20. Melanozyten
21. Im Laufe des Lebens bilden sich die Melanozyten zurück und erzeugen keine Pigmente mehr. Die Haare wachsen dann weiß nach.
22. a) Blau- und Grüntöne
    b) Rot- und Orangetöne
23. Mit einer Tönung kann die Kundin zu einem geringen Preis und ohne Risiko die Wirkung einer anderen Haarfarbe testen.
24. Tönungsshampoo, Farbfestiger oder Farbföhnlotion

25. a)

93,10 € : 10 =	9,31 €
Bruttopreis für 1 Flasche	9,31 €
Rabatt	1,12 €
Nettopreis	8,19 €

b) 50 ml kosten $\frac{8{,}19\text{ €} \cdot 50\text{ ml}}{1000\text{ ml}} = \underline{0{,}41\text{ €}}$

26. 0,40 € · 20 = 8,00 €

0,40 € · 20 =	8,00 €
Materialkosten	5,50 €
Selbstkosten	13,50 €
Gewinn	4,05 €
Nettopreis	17,55 €
MwSt	2,81 €
Bruttopreis	20,36 €
	≈ 20,50 €

27. a) 20 ml kosten 1,30 €

b) MV = 1 : 24

28. 8 · 16,00 € = 128,00 € täglich
128,00 € · 230 =
29 440,00 € jährlich

29. 5,00 €
5,60 €
11,25 €
21,85 €

5 % von 21,85 € = 1,09 €

Fallbeispiel 8

1. Eine so starke Aufhellung würde die bereits vorbehandelten Haare schädigen. Das gewünschte Platinblond wäre nur über eine extreme Aufhellung mit anschließender Färbung zu erreichen.
2. Bei einer Strähnenbehandlung werden nur wenige Haare und die auch nicht so stark heller gefärbt. Deshalb ist keine nennenswerte Haarschädigung zu erwarten.
3. Wenn nicht die richtigen Präparate oder die Präparate falsch angewendet werden, kann die Haarfarbe enttäuschend ausfallen oder es können Haare oder Kopfhaut geschädigt werden.
4. a) Ammoniak und alkalische Salze
   b) Wasserstoffperoxid und Ammaniumpersulfat
5. – Die Haare quellen und aufnahmefähig machen
   – die stabilisierende Säure im H_2O_2 neutralisieren.
6. Der Sauerstoff aus dem Oxidationsmittel oxidiert die Pigmente und baut sie chemisch so ab, dass sie ihre Farbigkeit verlieren.
7. Beim Blondieren von braunen oder roten Haaren kommt es leicht zu einem Rot- oder Orangeton.
8. Es sind zuerst die Längen und Spitzen und zuletzt die Ansätze einzustreichen. In Kopfhautnähe verläuft der Blondiervorgang infolge der höheren Temperatur schneller.
9. Die höhere Konzentration von Alkali und H_2O_2 beim Blondieren könnte empfindliche Kopfhaut schädigen.
10. Art des Blondiermittels, H_2O_2 -Konzentration, Einwirkzeit
11. Bei einer Hellerfärbung müssen nicht nur die Farbbildner oxidiert, sondern auch natürliche Pigmente zum Farbausgleich abgebaut werden.
12. Oxidationsfarbstoffe dringen als Farbbildner in das Haar ein und werden erst im Haar zu Farbstoffteilchen oxidiert. Diese Farbstoffteilchen sind dann ziemlich fest im Haar „verankert“.
13. Mit Pflanzenfarben kann man nicht heller färben.
14. Sie sind nicht haarschädigend, geben Glanz und verursachen keine Allergien.
15. Diese Farbstoffe werden durch den Luftsauerstoff oxidiert.
16. Diese Fertigfarbstoffe bestimmen hauptsächlich die Farbrichtung (Nuance).
17. Netzmittel (Tenside) und Wirkstoffträger (Emulsionen oder Gele)
18. Durch die Vorbehandlung ist das Haar aufnahmefähiger, dadurch verkürzt sich die Einwirkzeit.
19. Wenn poröse Haarpartien, besonders die Spitzen, zu matt sind oder schwer anfärbbares Weißhaar zu färben ist.
20. Den Farbbrei zuerst auf die Längen und Spitzen und zuletzt am Ansatz auftragen. Am Ansatz geht die Aufhellung schneller. Außerdem wirkt es natürlicher, wenn der Ansatz etwas dunkler bleibt.
21. Strähnen mit der Haube, Einmalen der Strähnen
22. Die alkalischen Färbemittel quellen die Haare. Das Nachbehandlungsmittel muss die Alkalien neutralisieren und die Haare adstringieren.
23. Am besten zuerst die Färbung, dann die Dauerwelle, damit diese durch die Färbung nicht abgeschwächt wird.
24. Der saure (reduktive) Abzug eignet sich nur für leichte Aufhellungen unmittelbar nach der Färbung.
25. Einträge entsprechend dem Fallbeispiel

26. 12 % von 30 g = 3,6 g H_2O_2
    90 g (= ml) Gesamtmenge = 100 %
    1 g = 100 : 90 = 1,1 %
    3,6 g = 1,1 % · 3,6 = 4 %ig

27. a) MV = 9 : 3 = 3 : 1

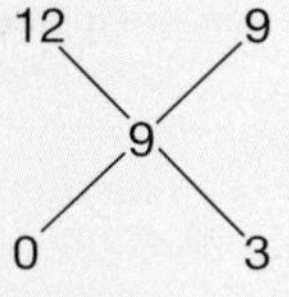

    4 Teile = 90 ml Lösung
    1 Teil = 22,5 ml Wasser
    3 Teile = 67,5 ml H_2O_2 12 %ig

    b) (1 Liter =) 1000 ml kosten 8,15 €
    67,5 ml kosten 0,55 €

28. 116 % = 23,00 €
    16 % = 3,17 €

29.

Lohnkosten	5,40 €
Gemeinkosten	7,29 €
Materialkosten	10,50 €
Selbstkosten	23,19 €
Gewinn	6,96 €
Nettopreis	30,15 €
MwSt	4,82 €
Bruttopreis	34,97 €
	≈ 35,00 €

Fallbeispiel 9

1. „Da haben Sie sicher einen schönen Abend vor sich. Wie wär`s mit einem schicken Abend-Make-up? Damit könnten Sie sich selbst und Ihrem Mann eine zusätzliche Freude machen. Die aktuellen Modefarben würden Ihren Typ dezent betonen."
2. Zeit zu sparen und Arbeit abgenommen zu bekommen sind für Frau Meissner als berufstätige Frau vermutlich wichtige Vorteile dieses Angebots.
3. Das Make-up soll natürlich, dezent und individuell verschönern und die Vorzüge des Gesichts hervorheben bzw. seine Mängel optisch korrigieren.
4. Typ der Kundin, Alter, Anlass
5. Die Brauen sollten mit den inneren Augenwinkeln auslaufen. Der höchste Punkt sollte über die Außenseite der Iris liegen.
6. Schattieren der Kinnpartie und der Nasenspitze
7. Durch Verwendung eines hellen Lidschattens
8. Reinigen des Gesichts, Formen und evtl. Färben der Augenbrauen und Wimpern, Auftragen der Make-up-Unterlage, Teintgrundierung, Anlegen des Lidstrichs und Lidschattens, Tuschen der Wimpern, Rougieren, Lippen-Make-up
9. Stärke, Kaolin, Talkum, Titandioxid, Calcium- und Magnesiumcarbonat
10. Eosinlöser, Fette, Wachse
11. Lösliche Farbstoffe (Eosine), Farbpigmente, Farblacke
12. Wenn störende Hautmängel, z. B. Vitiligo, abzudecken sind oder aus anderen Gründen ein besonders haltbares Make-up erforderlich ist, z. B. beim Sport.
13. Weiße Flecken, Brüchigkeit, Quer- und Längsrillen
14. Kleine Grübchen in der Nagelplatte
15. Beurteilen der Nägel und der Hände, Entfernen des Nagellacks, Formen der Nägel, Erweichen und Behandeln der Nagelhaut, Reinigen des Nagelsaums, Massage der Finger und der Hand, Auftragen des Nagellacks
16. Natron- bzw. Kalilauge oder Triethanolamin und Thioverbindungen.
17. Nagellack und Nagellackentferner müssen gut verschlossen aufbewahrt werden, weil sonst die Lösungsmittel verdampfen und die Präparate unbrauchbar werden.
18. a) Nagelhärter
    b) Formaldehyd
19. Den Pinsel in der Mitte der Nagelplatte aufsetzen, bis zum Möndchen bzw. zur Nagelhaut schieben und dann zur Nagelspitze hin abziehen.
20. Die Sonnenbestrahlung ist dort intensiver, weil die Sonne steiler steht und von Sand und Wasser zusätzlich Licht reflektiert wird.
21. Je empfindlicher und blasser die Haut und je intensiver die Sonnenstrahlung ist, desto höher sollte der Lichtschutzfaktor sein.
22. Sonnenbrand, Verhornungsstörungen, Hautkrebs (Melanome)
23. Nussschalenextrakt, Dihydroxyaceton
24. Eau de Cologne, Eau de Toilette, Deodorantien
25. Parfüms haben eine höhere Parfümölkonzentration.
26. Ethanol
27. Die Gewinnung ist erheblich billiger, nicht wetterabhängig (wie bei Pflanzen) und es brauchen keine Tiere dafür herzuhalten (wie bei tierischen Riechstoffen).

28.

Rechnungsbetrag	152,70 €
Mengenrabatt (10 %)	15,27 €
Bruttoeinkaufspreis	137,43 €
Skonto (2 %)	2,75 €
Nettoeinkaufspreis	134,68 €

29.

Einkaufspreis	4,90 €
Kalkulationszuschlag	2,70 €
Nettoverkaufspreis	7,60 €
Mehrwertsteuer	1,22 €
Bruttoverkaufspreis	8,82 €
	8,85 €

30. Minutenkostensatz = 5,85 € : 15 = 0,39 €

31.

Lohnkosten	2,40 €
Gemeinkosten	3,60 €
Materialkosten	3,00 €
Selbstkosten	9,00 €
Gewinn	3,60 €
Nettobedienungspreis	12,60 €
Mehrwertsteuer	2,02 €
Bruttobedienungspreis	14,62 €

32.

Bruttobetrag	55,50 €
Rabatt (10 %)	5,55 €
Nettobetrag	49,95 €

Fallbeispiel 10

1. Besseres Aussehen, Schutz und Pflege der Haut, Abschwächen der Fältchen, Wohlgefühl
2. – „Welche Reinigungs-, Pflege- und Make-up-Präparate verwenden Sie?"
   – „Haben Sie schon Präparate benutzt, die Ihnen nicht zugesagt haben?"
   – „Sie empfinden Ihre Haut als zu trocken. Können Sie mir dazu mehr sagen?"
3. Die Haut sollte frei sein von Make-up und nicht unmittelbar vorher gereinigt worden sein.
4. a) Durch Abheben und Verschieben der Haut seitlich unter dem Auge
   b) Durch Hautschreibung (Kunststoffspatel mit der Kante bei leichtem Druck über die Haut an den Wangen führen)
   c) Durch Abstreichen der Haut mit dem Daumen an Stirn und Nasolabialfalten
5. Sie wird feinporig und glanzlos aussehen. An der Stirn und an den Wangen können sich feine Schüppchen zeigen. Auch fleckförmige Rötungen können vorhanden sein.
6. Hautrelief (Felderung)
7. Sebostase
8. Die Haut baut sich aus 3 Schichten auf: Unterhaut, Lederhaut, Oberhaut. Nur die Oberhaut erneuert sich.
9. Nach dem Hauttyp und der Reizempfindlichkeit
10. Die Alkalität
11. Reinigungsmilch
12. Das Gesichtswasser sollte in diesem Fall wenig (höchstens 20 %) oder gar keinen Alkohol enthalten.
13. Evtl. Make-up entfernen, Reinigungsmassage mit Reinigungsmittel, Abnehmen des Reinigungsmittels mit Kompresse, Nachreinigen mit Gesichtswasser
14. Streich-, Friktions-, Klopf-, Walk-, Bindegewebs- und Nervenpunktmassage
15. – Förderung der Durchblutung und des Stoffwechsels
    – Erhaltung bzw. Steigerung der Hautelastizität
    – Vorbeugung gegen Falten
    – Beruhigung und Entspannung
16. Ich muss zumindest mit einer Hand ständig in Hautkontakt mit den Kunden sein.
17. Gesichtswässer, kühlende Packungen, kalte Kompressen
18. Feuchtigkeitspackung
19. „Sie halten sich bei Ihrem Sport viel im Freien auf. Sonne und Wind trocknen die Haut aus. Diese Feuchtigkeitspackung gibt der Haut Feuchtigkeit und Pflegestoffe zurück und macht sie glatt und elastisch."
20. Durch Dampfbehandlung (Vapozone)
21. Quellung, Erwärmung und Rötung der Haut, Erweiterung der Poren und Anregung der Hautfunktionen
22. Tagescremes sind Ö/W-Emulsionen mit hohem Feuchtigkeitsgehalt und mattierenden Bestandteilen. Nachtcremes sind W/Ö-Emulsionen mit höherem Fettanteil.
23. Cremes, die scheinbar schnell einziehen, enthalten meist einen hohen Wasseranteil, der auf der Haut schnell verdunstet. Die Inhaltsstoffe von Hautcremes dürfen nur zu einem geringen Teil von der Haut aufgenommen werden. In der Hauptsache bleiben sie als schützende und pflegende Wirkstoffe auf der Haut.
24. Verwenden Sie so weit wie möglich die Angaben bzw. die daraus abzuleitenden Folgerungen aus dem Fallbeispiel.
25.

Selbstkosten 0,48 € · 45 =	21,60 €
Gewinn	6,48 €
Nettopreis	28,08 €
Mehrwertsteuer	4,49 €
Bruttopreis	32,57 €
	≈ 33,00 €

26. a) 61,85 €
    b) 3,09 €
27. 12,6 %
28. 0,48 € · 5 = 2,40 €
29. a) 6,85 € · 9 = 61,65 €
    b)

Einkaufspreis	61,65 €
Kalkulationszuschlag	43,16 €
Nettopreis	104,81 €
Mehrwertsteuer	16,77 €
Bruttopreis (10 Dosen)	121,58 €
Bruttopreis (1 Dose)	12,16 €
	≈ 12,20 €

Beurteilungs- und Behandlungsplan – Dauerwelle

Frau/Herr ______________________________ Tel. ____________

Bedient von ______________________________ Datum ____________

Haar- und Kopfhautbeurteilung

Haarzustand

❑ Restdauerwelle

❑ poröse Spitzen ❑ poröse Längen

...... % Strähnenanteil

❑ gefärbt

❑ heller gefärbt/blondiert

❑ heimbehandelt

❑ ____________________

Haarstärke

❑ fein ❑ mittel ❑ stark

Haarlänge

❑ kurz ❑ mittel ❑ lang

Kopfhaut

❑ keine Veränderungen

❑ Anomalie ____________

Behandlungsplan

Kundenwunsch

❑ eingelegte Wasserwelle

❑ „luftgetrocknete“ Frisur

❑ Föhnfrisur

❑ ______________________________

Umformungsziel

❑ leicht, großzügig

❑ normal

❑ kräftig (kleinbogig)

Wickeltechnik/Wickler

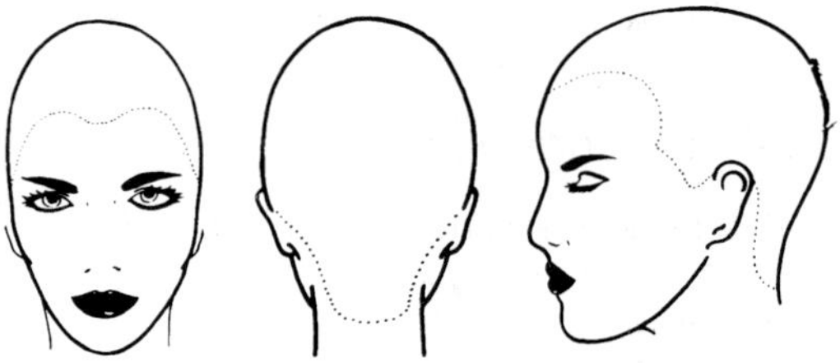

____

____

Vorbehandlung (Strukturausgleich)

Wellmittel

Einwirkzeit

_____ Min. mit Wärme

_____ Min. ohne Wärme

Zwischenbehandlung

_____ Min. mit ____________________

Fixierung

mit ____________________, _____ Min.

Nachbehandlung mit ____________________

Produktempfehlung zur **Weiterpflege** zu Hause

____

Beurteilungs- und Behandlungsplan – Haarfärben

Frau/Herr ______________________ Tel. ____________

Bedient von ______________________ Datum ____________

Haar- und Kopfhautbeurteilung

Ausgangsfarbe (meist Naturfarbe)

Farbtiefe:

Farbrichtung:

Weißanteil: …… %

- ❑ gleichmäßig meliert
- ❑ Schwerpunkt Schläfen
- ❑ Schwerpunkt Vorderkopf

Haarstruktur:	Längen	Spitzen	Haarstärke:	Vorbehandlung:
normal	❑	❑	❑ dünn	❑ keine
porös	❑	❑	❑ mittel	❑ dauergewellt
glasig-hart	❑	❑	❑ dick	❑ farbkosmetische Behandlung

Allergie: ❑ ja ❑ nein ❑ Sonstiges:

Behandlungsplan:

❑ Nachwuchsfärbung ❑ Erstfärbung

❑ Strähnen ❑ ____________

❑ Auftragen:

- ❑ Nur Ansatz
- ❑ Ansatz, Längen, Spitzen
- ❑ 1. Längen und Spitzen, 2. Ansatz

Zielfarbe: ____________ ____________

Geeignetes Präparat

- ❑ Tönung
- ❑ Intensivtönung
- ❑ Normalfärbung
- ❑ Hellerfärbung
- ❑ Blondierung

Einwirkzeit:

_____ Min. ❑ mit ❑ ohne Wärme

Vorpigmentieren: ❑ ja ❑ nein

mit ____________

Rezeptur: Gesamtmenge

____________ = ____________ g

H_2O_2-Präparat: , ____________ %ig

Produktempfehlung für zu Hause

Haarpflege: ____________

Farbauffrischung: ____________

Beurteilungs- und Behandlungsplan – Kosmetik

Frau/Herr ________________________________ Tel. ____________

Bedient von ________________________________ Datum ____________

Persönliche Hautpflege

Verwendete Präparate zur/zum
Gesichtsreinigung:
Gesichtspflege:
Make-up:
Augen-Make-up:
Lichtschutz:

Überempfindlichkeit gegen	❑ ja	❑ nein
(alkalische) Seifen	❑	❑
Alkohol (Gesichtswasser)	❑	❑
eth. Öle (Parfüm, Deo)	❑	❑
UV-Licht (Sonne, Solarium)	❑	❑
Wärme (R-Licht-Kompressen)	❑	❑
Dampf (Vapozone)	❑	❑

Besondere Hautprobleme: ________________________________

Hautbeurteilung

Faltenbildung
Mimische Falten:
❑ keine
❑ schwach
❑ ausgeprägt

Altersfalten:
❑ keine
❑ schwach
❑ ausgeprägt

Poren
Allgemein:
❑ eng/fein
❑ mittel
❑ weit/groß

Im seborrhöischen Bereich:
❑ eng/fein
❑ mittel
❑ weit/groß

Glanz
Allgemein:
❑ glanzlos/stumpf
❑ natürlich glänzend
❑ ölig glänzend

Im seborrhöischen Bereich:
❑ glanzlos
❑ ölig glänzend
❑ wachsartig

Elastizität (Turgor/Tonus)
❑ gut
❑ mäßig
❑ schlecht

Durchblutung
❑ stark
❑ normal
❑ schwach

Empfindlichkeit
❑ gesteigert
❑ normal
❑ schwach

Besonderheiten
❑ Komedonen
❑ Aknepusteln
❑ Milien
❑ Teleangiektasien
❑ Sommersprossen
❑ Muttermale/Leberflecken
❑ Warzen
❑ Narben

Hauttyp

❑ Normale Haut ❑ Trockene Haut ❑ Fettige Haut ❑ Großporige, schuppende Haut ❑ anspruchsvolle Haut

Behandlungsplan

Reinigungspräparat: ❑ Reinigungsmilch ❑ Reinigungsschaum ❑ Reinigungscreme

Nachreinigung: Gesichtswasser mit ❑ 50 % ❑ 40 % ❑ 30 % ❑ 20 % ❑ 10 % ❑ ohne Alkohol

Pflegepräparat: ____________ ❑ mit ❑ ohne Vapozone

Sonstiges: ________________________________